中华优秀传统文化赋能育人新生态系

非遗润童心

张锦庭 主编

南方日报出版社
NANFANG DAILY PRESS
中国·广州

图书在版编目（CIP）数据

非遗润童心 / 张锦庭主编 . —广州 : 南方日报出版社 , 2022.5
（中华优秀传统文化赋能育人新生态系列 ; 1）
ISBN 978-7-5491-2494-7

Ⅰ . ①非… Ⅱ . ①张… Ⅲ . ①非物质文化遗产—中国—小学—乡土教材 Ⅳ . ① G624.411

中国版本图书馆 CIP 数据核字（2021）第 273049 号

FEIYI RUN TONGXIN
非遗润童心

主　　编：张锦庭
出版发行：南方日报出版社
地　　址：广州市广州大道中 289 号
出 版 人：周山丹
特约编辑：吕晓霞
责任技编：王　兰
责任编辑：方　明
责任校对：裴晓倩
装帧设计：谭向阳
经　　销：全国新华书店
印　　刷：广州市东盛彩印有限公司
开　　本：787 mm × 1092 mm　1/16
印　　张：10
字　　数：197 千字
版　　次：2022 年 5 月第 1 版
印　　次：2022 年 5 月第 1 次印刷
定　　价：128.00 元（全三册）

投稿热线：（020）87360640　读者热线：（020）87363865
发现印装质量问题，影响阅读，请与承印厂联系调换。

百年传承 非遗赓续

2022 年，是华南师范大学附属小学（简称“华师附小”）建校 100 周年。

作为一所坚守“博学于文，约之以礼”校训的百年名校，华师附小拥有深厚的传统文化教育底蕴。百年来，我校深入学习贯彻党的教育方针、潜心进行非物质文化遗产保护，面向新时代发展方向，努力践行培育祖国美好少年的“美好教育”。百年传承，非遗建校，我们在探索“非遗进校园”的过程中取得了优异的成绩。

2018 年 2 月，我校被教育部评为“全国中小学中华优秀文化艺术传承学校”，传承项目为“传统民间艺术”；2019 年 3 月，我校获得广东省中小学特色学校建设成果一等奖；荣获“非遗进校园示范学校”荣誉称号；还被列为广东省将非遗文化融入小学课程学习的重要实践基地。

文化，只有在日常互动中“活”起来，才能真正“火”起来。留住传统，就是留住了历史，就是保存了祖国文化命脉。非物质文化遗产一旦失传，将造成无法挽回的损失。华师附小要成为非遗文化传承的沃土，保护非物质文化遗产，传承民族文化基因。学校希望通过创建非遗文化校园环境，建设非遗博物馆，在学生心底种下传承非遗的种子，培养其成为非遗宣传者、传承人的责任感。

一、让非遗文化进课堂

学校坚持“传承弘扬中华优秀传统文化”的教育传统，结合南粤文化特色，先后将古琴艺术、纸雕艺术、京剧文化、皮影戏、龙舟说唱、太极拳、广东凉茶、南国风筝、南国粤剧等十余项传统文化技艺引进课堂，取得了良好的育人效果。在此基础上，学校创造性研发了优秀传统文化综合实践活动课程，将其纳入学校教育教学计划，做到了“一班一特色，一班一非遗”，让学生在实践中增强了对优秀传统文化的探究意识和价值认识，并引发了小学生学习方式的正向变革。

二、构建非遗特色课程

非遗课程倡导一切美好都需要时间的雕琢，以感受美好、体验美好、探索美好、表现美好、创造美好为主轴，以培养工匠精神为核心，构建非遗特色课程。

课程的总体目标：非遗系列课程旨在加强中华优秀传统文化教育，培育和践行社会主义核心价值观，落实立德树人的根本任务，构建中华优秀传统文化传承体系，增强文化认同感和多元文化意识，推动文化传承创新。在非遗文化的感知与体验、探索与发现、创造与表现过程中，形成敬业、专注、精益、传承、创新的匠人品质。

在学习实践方式上，华师附小强化了“请进来”和“走出去”相结合的模式。“请进来”，是请非遗传承人和专业院校教师来学校授课；“走出去”，是让学生到活动基地研学体验，从而扎实有效地推进优秀传统文化课程的实施，让优秀传统文化在学生心里扎根、生长。

三、非遗博物馆

2020 年 12 月 27 日，我校建起全国首家校园非物质文化遗产博物馆，藏纳经典，实现馆校合一。沉浸在非遗博物的珍贵馆藏中，在包罗万象的文物展陈中品味独具岭南特色的粤剧、潮剧、英歌舞；欣赏源自大江南北的京剧、昆曲、川剧变脸和醒狮舞龙；领略中华民族共享的文化珍宝：古琴艺术、周易文化和二十四节气……在耳濡目染中，在体验活动中，一点点了解、一点点感悟泱泱中华，赫赫文明。学校还将建设八个非遗主题教育场馆，在原先专用室、活动室的基础上，将非遗融入其中，经设计、改造和升级，形成八个非遗主题的教育场馆生态环境。

学校还将在前期有益的教学探索上继续大力开展传承非遗文化活动，通过艺术展演、开设校本课程等方式将非物质文化遗产引进校园，把校园建成一座动态的非遗博物馆，让每一个孩子、每一位家长，在校园内的每一个角落都能受到优秀传统文化的熏陶。

非遗进校园，是传统与现代的交融，是过去与未来的碰撞。华师附小将进一步探索“非遗进校园”的教育模式，通过“定标准、强师资、育新人”，让非遗走进课本，走进家庭，走进每一个人的生活中。

华南师范大学附属小学校长 

目录 CONTENTS

非遗·概述

非遗·项目

非遗·活动

非遗·课堂

非遗·作品

非遗·概述

非遗文化 薪火相传

习近平总书记在党的十九大报告中指出：“文化自信是一个国家、一个民族发展中更基本、更深沉、更持久的力量，要推动中华优秀传统文化创造性转化、创造性发展。”同时，总书记也指出：“中华文化延续着我们国家和民族的精神血脉，既需要薪火相传、代代守护，也需要与时俱进、推陈出新。”

我国《保护非物质文化遗产公约》中明确提出：“非物质文化遗产的教育传承，尤其是遗产保有地的教育传承，是非物质文化遗产保护传承的一种极其重要的方式。”而《国家中长期教育改革和发展规划纲要》中所提的“战略主题”指出：“加强美育，培养学生良好的审美情趣和人文素养……使学生成为德智体美全面发展的社会主义事业建设者和接班人。”

一、让非遗文化进课堂

华南师大附小敏锐地意识到，有关非遗的内容若能被纳入小学教育体系，让学校成为非遗传承保护的重要阵地，就能实现“从娃娃抓起”的非遗保护传承目标，让非遗与学科教育建设理念相融合，有效激发非遗的生机与活力。而南粤文化中恰恰有不少的非物质文化遗产，因此，如何让非遗文化进入课堂，成为学校教育改革创新的一件大事。正如华南师大附小张锦庭校长所说：“留住传统，就是留住了历史，就是保存了祖国文化命脉。非物质文化遗产一旦失传，将造成无法挽回的损失。华南师大附小要成为非遗文化传承的沃土，保护非物质文化遗产，传承民族文化基因。学校希望通过创建非遗文化校园环境，建设非遗博物馆，在学生心底种下传承非遗的种子，培养其成为非遗宣传者、传承人的责任感。”

学校坚持“传承弘扬中华优秀传统文化”的教育传统，结合南粤文化特色，先后将古琴艺术、纸雕艺术、京剧文化、皮影戏、龙舟说唱、太极拳、广东凉茶、南国风筝、南国粤剧等十余项传统文化技艺引进课堂，取得了良好的育人效果。在此基础上，学校创造性研发了优秀传统文化综合实践活动课程，将其纳入学校教育教学计划，做到了“一班一特色，一班一非遗”，让学生在实践中增强了对优秀传统文化的探究意识和价值认识，并引发了小学生学习方式的正向变革。正因为华南师大附小大范围、成系统、有规模地将非遗文化在全校深入铺开的做法，让其获得了众多荣誉。2018 年 2 月，学校被教育部评为“全国中小学中华优秀文化艺术传承学校”，传承项目为“传统民间艺术”；2019 年 3 月，学校获得广东省中小学特色学校建设成果一等奖；获非遗进校园“示范学校”荣誉称号；还被列为广东省将非遗文化融入小学课程学习的重要实践基地。

二、构建非遗特色课程

在学校“美好教育 教育美好”的办学理念指导下，集附小每位老师的经验总结、专家指路逐步形成的非遗课程，具有系统化和科学化的特点。

非遗课程倡导一切美好都需要时间的雕琢，以感受美好、体验美好、探索美好、表现美好、创造美好为主轴，以培养工匠精神为核心，构建非遗特色课程。

◆课程性质和课程的基本原则：课程体系集人文性、经典性、综合性和创造性于一体。

◆针对性与系统性相结合。

◆课堂教育与实践教育相结合。

◆学校教育、家庭教育、社会教育相结合。

◆中华优秀传统文化教育与时代精神教育和革命传统教育相结合。

◆集隐性课程和显性课程于一体。

◆课程的总体目标：非遗系列课程旨在加强中华优秀传统文化教育，培育和践行社会主义核心价值观，落实立德树人的根本任务，构建中华优秀传统文化传承体系，增强文化认同感和多元文化意识，推动文化传承创新。在非遗文化的感知与体验、探索与发现、创造与表现过程中形成敬业、专注、精益、传承、创新的匠人品质。

◆分年段非遗课程的建设目标。

三、“请进来”和“走出去”

为了提升教学效果，让孩子们对非遗文化感兴趣，华南师大附小的教育方法也不断创新，想出了很多好办法。在学习实践方式上，强化了“请进来”和“走出去”结合。“请进来”，是请非遗传承人和专业院校教师来学校授课；“走出去”，是让学生到活动基地研学体验，从而扎实有效地推进优秀传统文化课程的实施，让优秀传统文化在学生心里扎根、生长。

首先，遵循小学生的学习特点，以自然班为单位教学，开展“一班一非遗”环创布置，使各教室内外都根据本班的“非遗”项目进行布置。例如：一年（1）班课室门挂着“古琴艺术”的木牌子，课室里的墙上就展示了各种样式的古琴；一年（2）班在课室后门上张贴了全班同学的大头照，并配以醒目的大字“著名传人：王立明”“小小学徒：我们也在传承传统民间艺术，感受非遗文化魅力，了解纸雕艺术的发源”。

在此基础上，学校在每周四下午设置了30多项非遗文化体验活动课程，活动地点就设在各班教室，让学生自由选择参加。每月的最后一个星期三下午，在学校腾飞楼阶梯教室定期举办“华南师大附小传承传统民间艺术大学堂——大师与你面对面”系列活动，组织全年级学生集会，与非遗大

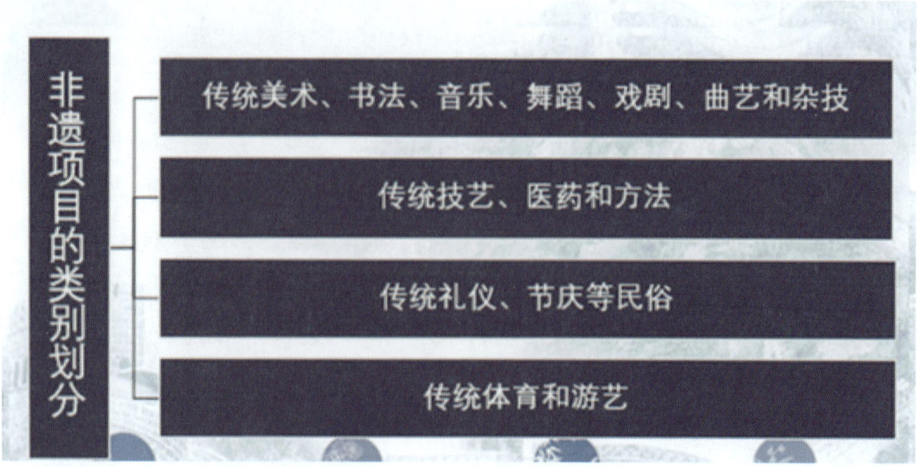

师面对面交流。

这样，通过与非遗大师的艺术作品、非遗传承人的近距离接触，学生对非遗文化产生了浓厚的兴趣，据统计，95.5% 的学生愿意参加非遗课程。

四、动态的非遗博物馆

华南师大附小在非遗教学的探索中，在教学模式和教育方法上开创了一条新路，营造了人人知晓、人人热爱、人人学习传承“非物质文化遗产”的浓厚氛围。以传统非遗文化体验为核心，让学生在实践过程中接受艺术熏陶，充分动手动脑，增强专注力、观察力、创造力，在玩的过程中了解传承中国优秀传统文化；和非遗大师的接触，让学生们对非遗文化深入直观了解，提升兴趣，独辟蹊径做了有益的探索。有效地引领全体学生传承传统民间艺术，弘扬中国精神、传播中国价值，切实将中华优秀传统文化融入美育的全过程。

学校还将在前期有益的教学探索上继续大力开展传承非遗文化活动，通过艺术展演、开设校本课程等方式将非物质文化遗产引进校园，把校园建成一座动态的非遗博物馆，让每一个孩子、每一位家长，在校园内的每一个角落都能受到优秀传统文化的熏陶。学校将把传承非遗文化当成一种责任，不断提高学生对非遗文化项目传承和保护的参与感、获得感。

活在校园里的非遗文化种子

——记华南师大附小传承非遗文化，推进优秀传统文化教育

张锦庭　江伟英

中华优秀传统文化是中华民族珍贵的精神财富，是中华民族凝聚力和创造力的源泉。华南师大附小以立德树人为根本任务，让学生真正接受优秀传统文化的熏陶，在学习中华优秀传统民间艺术创意课程，参与丰富多彩的非遗文化体验活动中，培育深厚的民族情感，增强文化自觉和文化自信。

一、播种非遗文化之先

播种非遗文化的前期工作，是班级非遗文化主题环境的创设，以自然班为单位，每个年级一个非遗项目，各班项目不一样，做到了“一班一特色，一班一非遗”，整个校园就是一座“非遗博物馆”。

首先，附小在31个班级课室中，做对应非遗项目的文化布置，展示相关实践活动所需的工具、设备、器材、材料，展览各具特色的具有相应非遗项目元素的学生作品等。这样的环境营造，不仅形成了一种有教育功能的学习氛围，还积累了各种类别、可操作性强的工具和材料，让学校到处都能呈现非遗的身影，让人心旷神怡，吸引学生参与其中、乐在其中；创设具有趣味性的学习非遗文化的环境，调动学生的积极性和活跃性，建设向真、向善、向美、向上的非遗文化主题环境，助推优秀传统文化教育。

其次，附小建设了一支稳定的传承项目的师资队伍，确保非遗课程进入课堂。每班配备两位指导老师，一位是外聘的31位传统项目的传承人，保证每周四下午到学校授课；另一位是附小非遗课程的任课老师。

此外，学校还特邀了一批非遗传承大师在校内设立“大师工作室”，以便经常开展活动，坚持每月开展一次“传承传统文化，感受非遗魅

力——大师与你面对面”系列活动，让各非遗项目的重量级传承人：漫塑大师王增丰、广彩大师赵艺明、粤剧大师吴非凡、广式剪纸大师练晓红、木艺大师雷华等莅临附小，为学生们亲自授课。这样丰富多彩的学习形式，让每个学生都能够积极参与到非遗文化的学习教育当中，亲身体验非遗、了解非遗、喜爱非遗，不断提高自身的道德素养和人文情怀，丰厚文化底蕴。

二、养活非遗文化之种

中华民族拥有博大精深、绚丽多姿的传统文化，其中非物质文化遗产承载积淀了千年的历史记忆，延续着中华文化的血脉。华南师大附小把“传承中华优秀传统文化，感受非遗文化魅力”作为学校思想道德建设的有力抓手，大力构建非遗文化课程体系，大力推进优秀传统文化教育。学校以课堂教学为主阵地，在全校 31 个班级中开展 31 个“非遗项目课程”，即非遗传承实践课，“一班一特色，一班一非遗”，编写非遗文化入课堂的校本教材，开拓走出去研学的非遗文化研学课程体系，入课堂 + 走出去，课程 + 体验 + 活动，逐步培养学生对学习非遗文化的兴趣，养活孩子心中那颗非遗文化的种子。

三、播撒非遗文化之未来

一个民族的崛起，首先是文明的崛起；一个国家的强大，首先是文化的昌盛。习近平总书记曾经说过，“文明永续发展，既需要薪火相传、代代守护，更需要顺时应势、推陈出新。”今天，在校园里培育的非遗文化的种子，就是未来中华文明传承的希望。

每个学期末，附小会组织全校性的传承非遗项目成果展示活动，引导学生在传统民间艺术创意课程中学习优秀传统文化，感受非遗文化，开发智力，拓展知识面，提高人文素养，培养有理性、有学问、有深度、有内涵，负责、守法、合群、乐观、活泼、自立自强、堂堂正正的人，使学校形成一种巨大的精神力量。2018 年 2 月，华南师大附小被教育部评为全国中小学中华优秀文化艺术传承学校，传承项目为“传统民间艺术”；2019 年 3 月《传承非遗文化，推进优秀传统文化教育》在“广东省第二届中小学特色学校建设成果评选中荣获一等奖；同年 5 月，学校又被广东省文化和旅游厅评为“广东省非物质文化遗产进校园示范学校”。

附小学生，这些非遗文化的“种子”，充满朝气和创造力，有着无限的可能性。在校园里开展非遗系列活动的价值和意义，就是让祖先留给我们的宝贵文化遗产的基因，由各个非遗传承人注入这些“种子”的记忆里，让他们记住我们文化的根，让他们成为中华文明的薪火传承人，成为中华文明进步的拓新者。非遗进校园，可以说是传统与现代的交融、过去与未来的碰撞。附小将进一步探索非遗进校园的“广东模式”，通过“定标准、强师资、育新人”，让非遗走进课本，走进家庭，走进每一个人的生活中。

学校 2021 年“非遗博物馆研学活动”成果汇报展演

创非遗名校　撒非遗之花

江伟英

华南师范大学附属小学作为全省唯一一所直属广东省教育厅和华南师范大学双重领导下的省一级学校，既是华南师范大学培养优秀中小学师资的重要实践基地，也是开展基础教育改革试验的实验基地，更是创办高水平小学教育的重要窗口。

近年来，学校坚持立德树人的宗旨，逐渐形成了一条“美好教育教育美好”的办学之路。在“美好教育”理念的指引下，结合《粤港澳大湾区发展规划纲要》和《关于中小学地方综合课程的指导纲要（试行）》的要求，华南师大附小适应新时代教育节点与学校发展现实，切实将中华优秀传统文化全方位融入学校“五育”全过程，开始构建致力于培养工匠精神的美好校本非遗特色课程，并积极探索非遗进校园的“广东模式”。

该非遗特色课程提倡一切美好都需要时间的雕琢，以感受美好、体验美好、探索美好、表现美好、创造美好为主轴，注重实践教育的同时，还兼隐性文化和显性文化于一体。在隐形文化方面，结合40余项非遗项目，实现“一班一非遗，一班一特色”；“非遗博物馆”的环创设计，旨在传递文化和自信之神韵。非遗博物馆是在“一班一非遗，一班一特色”的基础上，以“民族瑰宝、魅力非遗”为主题，以传承、科技、创新、简约、环保为建设理念，以展陈古琴艺术、皮影戏、纸雕艺术、民族扎染、京剧文化等40多种非遗代表性项目为内容的，集学习性、观赏性、体验性于一身的非遗展厅，注重对非物质文化遗产的活态传承。在显性文化方面，定期开展每月一次的“大师与你面对面”活动，先后成功举办了“小手牵大手”的5·30家长开放日活动、非遗小剧场、非遗少年说、非遗云作坊等活动，极大促进了师生的非遗体验。在此基础上，华南师大附小以非遗项目为载体，以五育贯通为原则，以“感知与体验”“探索与发现”和“创造与表现”为建设目标，开始打造极具校本特色的非遗显性课程，旨在陶冶学生的道德情操，植根非遗的种子。

各班传承非遗宣传板报

随着非遗特色课程的建设，华南师大附小先后获得全国中小学中华优秀文化艺术传承学校、广东非物质文化遗产进校园示范学校等荣誉称号。此外，学校《传承非遗文化，推进优秀传统文化教育》荣获广东省中小学特色学校建设成果一等奖。现以非遗博物馆建设为重点，以非遗特色课程建设为目标，开启弘扬非遗文化的新篇章。

“传承非遗文化”展演活动

非遗小剧场

非遗·项目

中国书法 Chinese Calligraphy

非遗简介

书法是中国特有的一种传统艺术，从甲骨文、石鼓文、金文（钟鼎文）演变成为大篆、小篆、隶书，乃至草书、楷书、行书等，书法一直散发着艺术的魅力。

2009 年 9 月 30 日，有着 3000 多年历史的中国书法被联合国教科文组织列入人类非物质文化遗产代表作名录。

人物、经典

代表人物：王羲之、颜真卿、张旭、赵孟頫等。

相关经典：《说文解字》《书谱》《书法雅言》等。

德育

汉字文化精神，如书如其人。

柳公权：心正则笔正。

智育

了解书法历史文化、代表人物、书体。

体育

健体修身。

美育

欣赏书法艺术，书画同源精气神。

劳动技术教育

练习法、实践法、美学课。

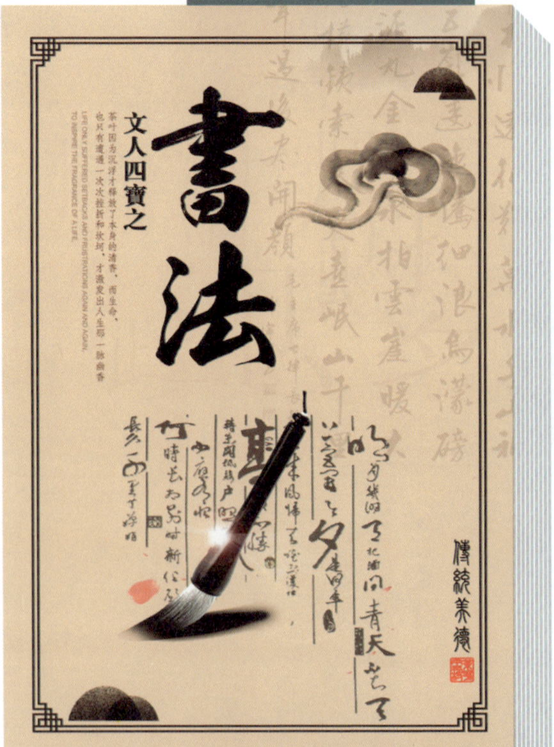

中国剪纸 Chinese Paper Cutting

非遗简介

剪纸艺术是最古老的中国民间艺术之一，至今已有1500年的历史。作为一种镂空艺术，它能在视觉上给人以透空的感觉和艺术享受。剪纸用剪刀将纸剪成各种各样的图案，如窗花、门笺、墙花、顶棚花、灯花等。

2009年9月30日，中国剪纸经联合国教科文组织保护非物质文化遗产政府间委员会的审批，被列入第四批人类非物质文化遗产代表作名录。

人物、经典

代表人物：曹佃祥(1921—1988)。

相关经典：《天工开物》。

德育

可以通过剪纸，培育专注的精神、渗透爱国主义教育。在学习中继承传统、推陈出新，以传统艺术创新时代表达。

智育

了解纸的发明——蔡伦造纸（最初记载于《东观汉记》及范晔《后汉书》），了解剪纸的历史传承。

美育

欣赏剪纸之美。

劳动技术教育

掌握剪纸基本技法。

广州榄雕

Guangzhou Landiao

非遗简介

濒临失传的优秀民间工艺——广州榄雕属于雕刻工艺中的一种，源远流长，始创于广州市增城区新塘镇，早在明代就已盛行，至今已有300多年的历史。榄雕采用乌榄榄核制作，其工精艺高，玲珑轻巧，镂空通雕的蟹笼、雀笼、花篮、花瓶等多姿多彩，人物造型也非常精致，惟妙惟肖，体现了鲜明的广东地方特色。

广州榄雕于2008年被列入第二批国家级非物质文化遗产代表性项目名录和首批国家文化和旅游部传统工艺振兴项目。2017年，榄雕大师曾昭鸿入选为第五批国家级非物质文化遗产项目代表性传承人；曾宪鹏入选为广州市非物质文化遗产项目代表性传承人。

人物、经典

代表人物：湛菊生、曾昭鸿。

相关经典：魏学洢《核舟记》（文章）。

德育

精益求精，以小见大，工匠精神。

智育

了解榄雕的历史文化传承及其代表作品、人物等。

体育

雕刻是眼力、脑力、手力、心力的结合。

美育

欣赏微雕艺术。

劳动技术教育

尝试一些雕刻创作。

灯彩艺术

Fancy Lanterns

非遗简介

中国的灯笼又统称为灯彩，起源于1800多年前的西汉时期。每年的农历正月十五元宵节前后，人们都挂起象征团圆意义的红灯笼，来营造一种喜庆的氛围，后来灯笼就成了喜庆的象征。经过历代灯彩艺人的继承和发展，形成了丰富多彩的品种和高超的工艺水平。中国的灯彩综合了绘画艺术、剪纸、纸扎、刺缝等工艺，利用各个地区出产的竹、木、藤、麦秆、兽角、金属、绫绢等材料制作而成。在中国古代制作的灯彩中，以宫灯和纱灯最为著名。

2006年，灯彩入选国家级非物质文化遗产名录。

人物、经典

代表人物：孔明。

相关经典：《东京梦华录》、辛弃疾《青玉案·元夕》。

德育

工匠精神。

智育

了解传统灯笼技艺（如忠信花灯、东莞千角灯），包括猜灯谜、添丁大喜等。

美育

提升审美能力。

劳动技术教育

学习制作孔明灯。

木版年画

New Year Wood-block Paintings

非遗简介

木版年画是以木版画形式制作的年画，用木版雕刻印刷画的轮廓，再由人工或套版上色，有着1000多年的历史。木版年画用于除旧岁、迎新春、美化环境、营造节日的喜庆欢乐气氛。在中国民间，年画就是年的象征，不贴年画就不算过年。到了清代中晚期，民间年画达到了鼎盛时期。传统木版年画产地很多，其中天津杨柳青、河南朱仙镇、江苏桃花坞、广东佛山等产品最著名。

2008年，木版年画经国务院批准被列入第二批国家级非物质文化遗产名录。

人物、经典

代表人物：毕昇。

相关经典：沈括《梦溪笔谈》、李光庭《乡言解颐》。

德育

工匠精神、专注严谨。

智育

通过年画表达的内容掌握传统文化中的民族文化、民族心理。

美育

欣赏传统民间美术。

劳动技术教育

开展年画创作比赛及展览。

传统刺绣

Traditional Embroidery

非遗简介

刺绣是中国民间传统手工艺之一，在中国至少有二三千年历史。刺绣是用针线在织物上绣制的各种装饰图案的总称，分丝线刺绣和羽毛刺绣两种。它是用针和线把人的设计和制作添加在任何存在的织物上的一种艺术。刺绣的技法有：错针绣、乱针绣、网绣、满地绣等，刺绣主要用于服装、床上用品、台布、舞台、艺术品等装饰。

2006 年，中国四大名绣苏绣、湘绣、蜀绣和粤绣，经国务院批准被列入第一批国家级非物质文化遗产名录。粤绣是以广州为中心的珠江三角洲民间刺绣工艺的总称，包含广绣、潮绣。

人物、经典

代表人物：卢媚娘，广绣——陈少芳。

相关经典：《天工开物》之丝的论述、《绣谱》、朱启钤《存素堂丝绣录》。

德育

春蚕到死丝方尽、精益求精、一丝不苟、海上丝路。

智育

掌握传统技艺背后的历史文化，经纬的概念。

体育

眼力、手力、心力的锻炼。

美育

既有传统审美，也有创新融合。

劳动技术教育

学习针法，掌握针线技巧。

砖雕艺术

Art of Zhuandiao

非遗简介

砖雕又称砖刻，俗称“花活”，秦汉时期被广泛应用在宫殿、官邸、寺庙、墓葬之中；至明代，应用于祠堂和民居中，并形成了独特风格。砖雕作为建筑的重要装饰艺术，由精湛的技艺、深厚的文化内涵与独特的艺术手法熔铸而成，清新质朴而又巧夺天工。

广州砖雕构图精细，可以达到八层，在每个凹处相邻之间形成纤细如线的亮部，形成明暗对比的效果，构成栩栩如生的画面，被称为“挂线砖雕”。

何世良是广东省、广州市非物质文化遗产代表性传承人，他创作的《吐艳和鸣壁》是现代广州砖雕艺术的代表作，被纳入“大世界吉尼斯之最”。

人物、经典

代表人物：何世良。

相关经典：《营造法式》《中国传统砖雕》。

德育

工匠精神。

智育

了解传统技艺知识及其起源。

美育

感受砖雕独特的艺术之美。

劳动技术教育

动手尝试砖雕的创作。

汉服文化

Han Chinese Clothing

非遗简介

汉服全称为“汉民族传统服饰”，又称汉衣冠、汉装、华服。汉服是中国“衣冠上国”“礼仪之邦”的体现，承载了汉族的染、织、绣等杰出工艺和美学，传承了30多项中国非物质文化遗产以及受保护的中国工艺美术。汉服甚至还影响了整个汉文化圈，亚洲其他国家如日本、朝鲜、蒙古等服饰均具有或借鉴汉服特征。

人物、经典

代表人物：嫘祖。

相关经典：《礼记》中的服饰观、沈从文《中国服饰研究》。

德育

着装礼仪与传统文化传承。

智育

继承与创新。

美育

欣赏传统汉服的独特风韵之美。

劳动技术教育

学习汉服裁制、开展汉服服装模特大赛等。

传统漆画

Traditional Lacquer Painting

非遗简介

漆画是中华民族几千年历史沉淀的一种传统手工艺制作的精品，浙江余姚河姆渡出土的朱漆碗已有7000年的历史。它是以天然大漆为主要材料的绘画，除漆外，还有金、银、铅、锡以及蛋壳、贝壳、石片、木片等材料。漆画的技法丰富多彩，依据其技法不同，漆画又可分为刻漆、堆漆、雕漆、嵌漆、彩绘、磨漆等不同类别。漆画兼有绘画和工艺的双重性。中国四大名漆产地有扬州、北京、福建、平遥。

2008年，镶嵌漆画被列入温州市第二批非物质文化遗产名录。

人物、经典

相关经典：《髹饰录》、王世襄《髹饰录解说》、《考工记》（设色之工）、黄钺《二十四画品》。

德 育

工匠精神。

智 育

了解传统技艺知识及其起源。

美 育

欣赏漆画的独特材质艺术之美。

劳动技术教育

动手尝试漆画的创作。

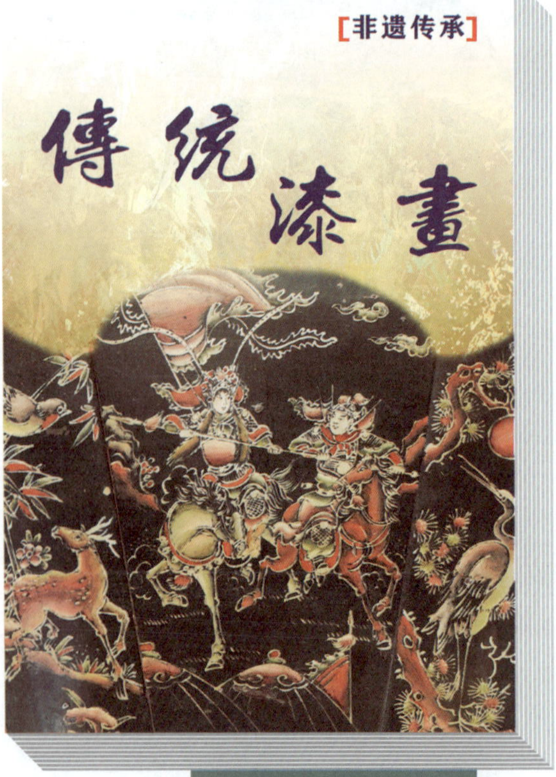

纸雕艺术

Paper Carving

非遗简介

纸雕，又称纸浮雕，起源于中国汉代。纸雕是一种以纸为素材，使用刀具塑形的工艺。纸雕艺术就是折纸艺术，它是民间传统手工艺术之一。纸雕的制作要求艺人熟练地运用切、剪、折、卷、叠、粘等手法。纸雕发展到现在，逐渐形成三个流派：立体派、实验派、刻板纸雕派。

2015 年 3 月，刘心牡丹纸雕入选洛阳市非物质文化遗产名录。

人物、经典

代表人物：蔡伦、王立明。

相关经典：《东观汉记》、范晔《后汉书》。

德育

中国四大发明之一的融合创新。

智育

了解纸的历史及其传统。

美育

纸的艺术、古籍之美。

劳动技术教育

拜访邓村等古纸坊，尝试古纸造法。

京剧 Peking Opera

非遗简介

京剧，曾称平剧，腔调以西皮、二黄为主，用胡琴和锣鼓等伴奏，场景布置注重写意。京剧艺术被称为“国粹”，徽剧是京剧的前身。清代乾隆五十五年（1790年）起，四大徽班陆续进入北京，他们与来自湖北的汉调艺人合作，同时又结合了昆曲、秦腔的部分剧目、曲调和表演方法，吸收了一些地方民间曲调，通过不断地交流、融合，最终形成京剧。

2010年11月16日，京剧被列入人类非物质文化遗产代表作名录。

人物、经典

代表人物：梅兰芳、谭鑫培。

相关经典：《永乐大典》，梅兰芳《舞台生活四十年》。

德育

敬业精神、戏比天大、兼容并包。

智育

了解京剧的产生及其发展历史、不同派别的特色等。

体育

学习唱念做打，锻炼身体。

美育

欣赏京剧的舞台表现、脸谱、手势等艺术表现之美。

劳动技术教育

学习表演一些经典唱腔或折子戏。

中国皮影戏

Shadow Play

非遗简介

皮影戏，又称“影子戏”或“灯影戏”，是一种以兽皮或纸板做成的人物剪影来表演故事的民间戏剧。表演时，艺人们在白色幕布后面，一边操纵影人，一边用当地流行的曲调讲述故事，同时配以打击乐器和弦乐，具有浓厚的乡土气息。其流行范围极为广泛，并因各地所演的声腔不同而形成多种多样的皮影戏。

2011 年，中国皮影戏入选人类非物质文化遗产代表作名录。

人物、经典

代表人物：田都元帅、常任侠。

相关经典：《墨经·光学》《中国皮影戏》。

德育

通过皮影故事渗透德育，如传统戏剧里的忠孝节义等。

智育

了解皮影的历史及其背后的原理。

体育

掌握皮影的表演技巧。

美育

欣赏皮影的独特之美，光与影的艺术。

劳动技术教育

尝试制作皮影戏表演道具。

昆曲 Kun Opera

非遗简介

昆曲，又称昆剧、昆腔、昆山腔，是中国最古老的剧种，也是中国传统文化艺术中的珍品。昆曲发源于14世纪中国的苏州太仓南码头，“海盐腔”为“昆腔”的先驱，自明代中叶独领中国剧坛近300年。昆曲糅合了唱念做打、舞蹈及武术等，以曲词典雅、行腔婉转、表演细腻著称，被誉为“百戏之祖”。昆曲以鼓、板控制演唱节奏，以曲笛、三弦等为主要伴奏乐器，其唱念语音为“中州韵”。

昆曲在2001年被联合国教科文组织列为第一批“人类口述和非物质遗产代表作”。

人物、经典

代表人物：魏良辅、梁辰鱼、汤显祖。

相关经典：《牡丹亭》。

智育

了解历史人物和传统文化。

美育

培养艺术创造、想象和鉴赏能力。

劳动技术教育

进行昆曲演唱学习、排演。

粤剧 Cantonnese Opera

非遗简介

粤剧，又称“广东大戏”或者“大戏”，广东传统戏曲之一，源自南戏，流行于岭南地区等粤人聚居地。明朝嘉靖年间开始在广东、广西出现，是糅合唱念做打、乐师配乐、戏台服饰、抽象形体的表演艺术。

粤剧名列于2006年5月20日公布的第一批国家级非物质文化遗产名录之内。2009年9月30日，粤剧获联合国教科文组织肯定，被列入世界非物质文化遗产名录。

人物、经典

代表人物：华光祖师、李文茂、马师曾、红线女。

相关经典：招子庸《粤讴》、屈大均《广东新语·粤歌》。

德育

八和会馆，以“和”为核心的精神。

智育

了解传统戏剧常识。

体育

通过唱念做打锻炼身体。

美育

欣赏粤剧之美如脸谱、服饰、表演等。

劳动技术教育

可排演粤剧经典折子戏。

潮剧 Chao Opera

非遗简介

潮剧，形成于广东潮汕地区，又名潮州戏、潮音戏，是用潮州方言演唱的一个古老的地方戏曲剧种。潮剧距今已有430多年的历史，主要分布于粤东、闽南、台湾、香港和东南亚等地。潮剧有“南国奇葩”美誉，以优美动听的唱腔音乐和独特的表演形式，融合成极富地方特色的戏曲，享誉海内外。

潮剧于2006年入选第一批国家级非物质文化遗产名录。

智育

通过欣赏潮剧了解历史人物和传统文化。

美育

培养艺术创造力、想象力和鉴赏能力。

劳动技术教育

进行潮剧排演。

龙舟说唱

Dragon Boat Shuochang

非遗简介

龙舟说唱始于明末清初，至今已有400多年历史，是珠江三角洲乡村艺人在田间、码头四处卖唱的短曲，是主要以顺德腔为正宗的一种曲艺表演形式。因为艺人在演唱时会扛一把木雕龙舟，所以又被民众称为“龙舟歌”或“唱龙舟”，其唱法与“木鱼歌”近似，内容包括神话传说、民间故事、风土人情及生活琐事，主题多为诫恶扬善、喜庆吉祥，唱词通俗易懂、轻松诙谐，艺人还会根据时事需要加以调整，主要通过民间艺人口耳相承。

2006年，龙舟说唱被列入第一批国家级非物质文化遗产名录。

人物、经典

代表人物：招子庸、黄鲁逸、黄伟槎。

相关经典：招子庸《粤讴》。

德育

宣扬诫恶扬善。

智育

了解传统说唱文化的独特性。

美育

掌握说唱的音乐之美。

劳动技术教育

学习龙舟说唱，开展说唱竞演。

广东凉茶

Guangdong Herbal Tea

非遗简介

凉茶起源于广东。因为广东夏季炎热，多雨潮湿，水质偏燥热，再加上广东人喜欢吃煎炒食物，习惯晚睡，很容易生“热气”。人们为了除湿祛热，将药性寒凉和能消解内热的中草药煎水作饮料喝，以消除夏季人体内的暑气，或冬日干燥引起的喉咙疼痛等。如今，凉茶不再是“有病时治病”，而更注重“未病时防病、治未病之病”，形成了一种全新的防病养生文化。

2006年5月20日，广东凉茶经国务院批准被列入第一批国家级非物质文化遗产名录。

人物、经典

代表人物：黄帝、伊尹、葛洪、鲍姑。

相关经典：《黄帝内经》《本草纲目》《肘后备急方》。

德育

阴平阳秘，和于术数。

智育

了解广东凉茶独特的历史和文化、历史传承和人物。

美育

欣赏凉茶色香味之美。

劳动技术教育

学习烹制凉茶、掌握多味凉茶的特殊功能、品评等。

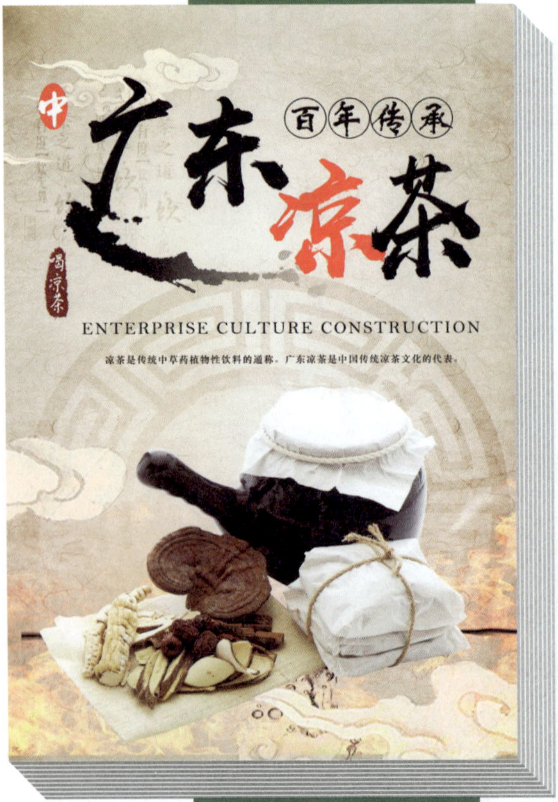

南国风筝

Nanguo Kites

非遗简介

风筝起源于中国，至今已有2000多年的历史，最早的风筝是由古代哲学家墨翟制造的。阳江是南国风筝之乡，阳江风筝是广东地区传统手工艺品之一，已有1400余年的历史。广东阳江市扎制的风筝种类繁多，造型美观，技术精巧，栩栩如生。不但放飞效果良好，而且形神兼备，具有极高的实用价值、欣赏价值和收藏价值，近几年来多次在全国比赛中名列前茅。

2006年5月20日，风筝制作技艺被批准列入第一批国家级非物质文化遗产名录。

人物、经典

代表人物：墨翟、梁汝兴、梁治昂。

相关经典：曹雪芹《南鹞北鸢考工志》。

德育

工匠精神。

智育

掌握风筝的历史文化及其原理、功能等。

体育

掌握放风筝的技巧，放风筝时身心的释放。

美育

在风筝绘制过程中了解传统竹艺、欣赏绘画设色之美。

劳动技术教育

制作风筝、放风筝比赛。

广彩工艺

Guangcai Craft

非遗简介

广彩是广州特有釉上的彩瓷艺术的简称，始于清代康雍之间，盛于乾隆、嘉庆年间，流传至今，成为享誉中外的瓷艺，以“绚彩华丽，金碧辉煌”闻名于世。当时为适应外销需要，将景德镇所烧的素瓷坯运到广州后，再根据外商的需求加以彩绘，经过700—750℃烘烤而成。广彩传承人赵艺明是广彩首位中国工艺美术大师赵国垣之子，是“赵兰桂堂”第四代传人，是国家级非物质文化遗产广彩瓷烧制技艺传承基地广彩课程任课老师，致力于广彩艺术的传承。

2008年6月7日，广彩瓷烧制技艺经国务院批准被列入第二批国家级非物质文化遗产名录。

人物、经典

代表人物：杨快、曹钧、赵艺明。

相关经典：《天工开物·陶埏》。

德育

工匠精神，陶冶心性，创新精神。

智育

了解广彩工艺与传统陶瓷文化的传承与创新。

美育

传统审美，中西融合。

劳动技术教育

动手尝试彩绘素瓷坯。

景泰蓝 Cloisonne

非遗简介

景泰蓝，正名“铜胎掐丝珐琅”，俗名“珐蓝”，又称“嵌珐琅”，是中国著名的特种金属工艺品之一，是一种在铜质的胎型上，用柔软的扁铜丝掐成各种花纹焊上，然后把珐琅质的色釉填充在花纹内烧制而成的瓷器器物。北京是中国景泰蓝的发祥地，也是最重要的产地。北京景泰蓝集绘画、雕刻、青铜、瓷器等中国传统工艺于一身。

2006 年景泰蓝入选首批国家级非物质文化遗产名录。

人物、经典

代表人物：张同禄。

相关经典：叶圣陶《景泰蓝的制作》。

德育

工匠精神。

智育

了解景泰蓝工艺制作及其表现内容的文化内涵。

美育

欣赏景泰蓝的颜色、工艺之美。

劳动技术教育

在条件允许的范围内尝试制作简单的景泰蓝作品或尝试某个过程。

民族扎染 Ethnic Tie-Dye

非遗简介

扎染古称扎缬、绞缬、夹缬和染缬，是中国民间传统而独特的染色工艺，是织物在染色时部分扎结起来使之不能着色的一种染色方法，是中国传统的手工染色技术之一。扎染工艺分为扎结和染色两部分，是通过纱、线、绳等工具，对织物进行扎、缝、缚、缀、夹等多种形式组合后进行染色。它有100多种变化技法，各有特色。

2006年以及2008年，云南大理的白族扎染技艺、四川的自贡扎染技艺先后被文化部列入国家级非物质文化遗产名录。

人物、经典

代表人物：扎染大师张宇仲。

相关经典：纪录片《自贡扎染》。

德育

工匠精神，陶冶心性，创新精神。

智育

掌握民族扎染的历史传承和民族文化特色。

美育

传统审美，民族特色。

劳动技术教育

动手尝试扎染创作。

青花艺术

Blue and White Porcelain

非遗简介

青花瓷又称“白地青花瓷”，常简称“青花”，中华陶瓷烧制工艺的珍品，是中国瓷器的主流品种之一，属釉下彩瓷。青花瓷是以含氧化钴的钴矿为原料，在陶瓷坯体上描绘纹饰，再罩上一层透明釉，经高温还原焰一次烧成。钴料烧成后呈蓝色，具有着色力强、发色鲜艳、烧成率高、呈色稳定的特点。中国景德镇青花瓷是非物质文化遗产中的瑰宝。

人物、经典

代表人物：范蠡。

相关经典：《匋雅》，《天工开物》中有一章景德镇陶瓷的论述。

德育

工匠精神、创新精神。

智育

掌握陶瓷的历史文化、青花独特的文化内涵。

美育

欣赏青花的独特艺术。

劳动技术教育

绘制青花。

古琴艺术 Guqin Art

非遗简介

古琴是世界上最古老的弹拨乐器之一，主要由弦与木质共鸣器发音，至今已有3000多年历史。传说远古时代黄帝就创造了最初的古琴，西周时期已广为流传，并与瑟、鼓等乐器在祭祀时演奏。著名的中国古琴十大名曲有：《潇湘水云》《广陵散》《高山流水》《渔樵问答》《平沙落雁》《阳春白雪》《胡笳十八拍》《阳关三叠》《梅花三弄》《醉渔唱晚》。

2003年11月，中国古琴艺术被联合国教科文组织列入第二批人类口述和非物质遗产代表作。

人物、经典

相关经典：曹昭《格古要论 古琴卷》、徐梁《溪山琴况》、嵇康《琴赋》《琴史》、蒋克谦《琴书大全》。

德育

忠信、友爱、包容、和谐、淡雅、清逸。

智育

了解古琴历史、传统，“五音”养志。

美育

传统音乐艺术、音乐美学，修心，养志，怡情。

劳动技术教育

掌握古琴弹奏技术。

广东音乐

Guangdong Music

非遗简介

广东音乐主要流传于广东省珠江三角洲地区，它历史悠久，自明清以来在当地民间“八音会”和粤剧伴奏曲牌的基础上逐渐形成，经历了萌发期、发展期和成熟期等阶段，代表性曲目有《雨打芭蕉》《旱天雷》《步步高》《平湖秋月》《赛龙夺锦》等。常规器乐有粤胡、秦琴、琵琶、扬琴、洞箫、喉管、笙及木鱼、铃。其乐队组合最典型的是“五架头”（又称“硬弓组合”，即二弦、提琴、三弦、月琴、横箫）和“三架头”（粤胡、扬琴、秦琴）。它以轻、柔、华、细、浓的特点和清新流畅、悠扬动听的岭南风格深受民众的喜爱，影响遍及大江南北，流行于世界各地的华人社区。

2006 年 5 月 20 日，广东音乐经国务院批准被列入第一批国家级非物质文化遗产名录。

人物、经典

代表人物：何氏三杰、吕文成。

相关经典：《乐记》《岭南文化中的广东音乐》。

德育

和谐、兼容、创新。

智育

通过欣赏广东音乐培养想象力，了解广东音乐的历史流变、经典作品等。

美育

学习欣赏传统音乐之美。

劳动技术教育

学习演奏一种乐器。

吟诵

Chanting Verse

非遗简介

吟诵是汉文化圈中的人们对汉语诗文的传统诵读方式，也是中国人学习文化时高效的教育和学习方法，有着2000年以上的历史。吟诵是我国的非物质文化遗产代表，具有中国文化的独特魅力，在国际上享有很高的声誉。

2008年，常州吟诵被列入国家级非物质文化遗产名录。

人物、经典

代表人物：王阳明。

相关经典：《九声四气法》。

德育

通过吟诵作品渗透德育，培养高尚的情操。

智育

从吟诵中学习传统诗文、了解传统。

体育

练声、练气、练体结合。

美育

欣赏吟诵之美、古诗文之美。

劳动技术教育

开展吟诵比赛，可结合汉服等文化。

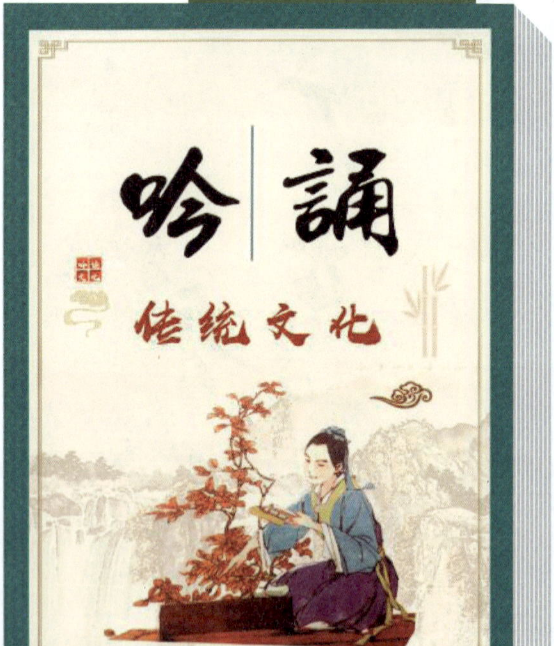

周易文化
The Zhouyi Culture

非遗简介

《周易》是中国先秦时期传统典籍，是古老而又灿烂的文化瑰宝，由易经、易传、易学组成，涉及宇宙的演化问题、宇宙的本体问题、宇宙存在的形态问题、天人关系问题等，是我们民族智慧的结晶，内容广博，涉及哲学、历史、文学、天文、历法、医学等诸方面，几乎无所不包。古人用它来预测未来、决策国家大事、反映当前现象，上测天，下测地，中测人事。《周易》历经数千年之沧桑，已成为中华文化之根。

2007 年 2 月，周易文化被河南省人民政府列入首批省级非物质文化遗产名录。

人物、经典

代表人物：伏羲、文王、孔子。

相关经典：《易经》。

德育

自强不息、厚德载物、天人合一、天下为公、刚柔相济、与时偕行。

智育

掌握易经的变化规律、数的变化、理的蕴含。

美育

了解阴阳八卦等变化之美。

劳动技术教育

开展 64 卦记诵识别比赛。

中国珠算 Chinese Zhusuan

非遗简介

珠算是以算盘为工具进行数字计算的一种方法，被誉为中国的第五大发明。“珠算”一词最早见于汉代徐岳撰的《数术记遗》，其中有云：“珠算，控带四时，经纬三才。”刘洪（约公元 129—210，字元卓）是我国古代杰出的天文学家和数学家，珠算发明者和月球运动不均匀性理论发现者，被后世尊为“算圣”。

2008 年，珠算被列入第二批国家级非物质文化遗产名录。

联合国教科文组织认为，珠算通过传统的口述和自学等方式世代传承，成为中国传统文化的一个重要象征。

2013 年 12 月 4 日，中国珠算被列入联合国教科文组织人类非物质文化遗产代表作名录，此举有助于让更多的人在计算机蓬勃发展的今天加深对珠算的了解，吸引更多人加入保护珠算文化的行列。

人物、经典

代表人物：刘洪（算圣）。

相关经典：张苍、耿寿昌《九章算术》，徐岳《数术记遗》。

德育

诚信、严谨、精确。

智育

中国第五大发明，运用手指、活跃头脑，了解十进位制。

体育

运用珠法，活跃头脑。

劳动技术教育

开展珠算比赛。

二十四节气

The Twenty-Four Solar Terms

非遗简介

二十四节气是根据地球在黄道（即地球绕太阳公转的轨道）上的位置来划分的。视太阳从春分点出发，每前进 15 度为一个节气；运行一周又回到春分点，为一回归年，合 360 度，因此分为 24 个节气。它既是历代官府颁布的时间标准，也是指导农业生产、日常生活中人们预知冷暖雪雨的指南针。

2016 年 11 月 30 日，二十四节气被正式列入联合国教科文组织人类非物质文化遗产代表作名录。在国际气象界，二十四节气被誉为“中国的第五大发明”。

人物、经典

代表人物：郭守敬。

相关经典：《授时历》。

德育

天人合一。

智育

寻找规律，春发夏长，秋收冬藏。

体育

依二十四节气养生。

劳动技术教育

在不同节气进行不同的劳动，如清明节植树等。

传统节庆 Traditional Festivals

非遗简介

“传统节庆”是在特定的日期内，以特定主题活动方式，约定俗成、世代相传的一种社会庆典活动。我国节庆种类很多，有单一性和综合性节庆，可分为祭祀节庆、纪念节庆、庆贺节庆、社交游乐节庆等。

2006年5月20日，中国四大传统节日：春节、清明节、端午节与中秋节，经国务院批准被列入第一批国家级非物质文化遗产名录。2009年9月，联合国教科文组织正式批准中国端午节列入世界非物质文化遗产，成为中国首个入选世界非遗的节日。

人物、经典

相关经典:《礼记》、南朝梁代宗懔《荆楚岁时记》。

德育

天人合一，家国情怀，团结和谐。

智育

了解传统节庆的由来、风俗等。

体育

礼仪、民俗技艺的锻炼。

美育

传统民俗节庆审美。

劳动技术教育

在相应的节庆里开展民俗文艺展。

工夫茶艺

Gongfu Tea Art

非遗简介

工夫茶艺是潮州人生活中不可或缺的组成部分，已成为潮人接待宾客的一种民俗礼仪。工夫茶艺起源于宋代饮茶的习俗，泡法包括备器、生火、温壶、纳茶、点茶、请茶、闻香等21道程序。洒茶时有两句口诀，叫“关公巡城”和“韩信点兵”。品茶时，趁热各人端起，杯缘接唇，杯面迎鼻，香味齐到，一啜而尽。饮完之后，再闻闻杯底，领略其余香，品评其气味。工夫茶体现“和、爱、精、洁、思”的特性，具有历史文化美学价值、社会家庭文化价值、健身益智价值。

2008年，潮州工夫茶艺入选第二批国家级非物质文化遗产名录。

人物、经典

代表人物：陆羽。

相关经典：《茶经》《大观茶论》。

德育

“和、爱、精、洁、思”的茶道，认真严谨。

智育

了解茶的历史，培养专注、严谨的品质。

美育

欣赏茶的色香味之美。

劳动技术教育

开展茶道比赛，学习茶艺。

广东早茶
Cantonese Morning Tea

非遗简介

早茶作为广东地区典型的非物质文化，有着无可比拟的重要性。广东人喜欢饮茶，茶寮、茶座、茶室遍布于羊城的大街小巷。早在清代同治、光绪年间，茶室在卖茶的同时，供应肉包、米饼、米糕等果腹的简单点心，茶费一厘，被称为“一厘馆”。广东人早晨去茶楼喝茶是一种传统，无论是家人或朋友聚会，总爱去茶楼，泡上一壶茶，要上两件点心，美名“一盅两件”（一盅指茶，两件指点心）。

茶一般有普洱茶、铁观音和菊花茶；配茶的点心讲究精、美、新、巧，种类繁多，一般分干茶点和湿茶点两类，近几年还增加了西式糕点。虾饺、干蒸烧卖、叉烧包和蛋挞是常见的茶点。蜜汁叉烧包、金牌虾饺皇是被推荐列入非物质文化遗产的美食。

人物、经典

相关经典：《食经》《吕氏春秋·本味篇》《论语·乡党》《随园食单》。

德育

餐桌礼仪、健康、绿色、文明、节俭。

智育

了解老字号背后的商道、饮食文化。

美育

色香味形之美。

劳动技术教育

茶道烹饪技艺，制作点心。

围棋 Chinese Go

非遗简介

琴棋书画是中国古代的四大艺术，其中，棋就是围棋。围棋是中国传统棋种，也是一种智力游戏，早在春秋战国时期就广为流传。围棋使用格状棋盘及黑白二色棋子进行对弈，以围地多者为胜。围棋作为一门科学，既可最大限度地开发智力，启迪思维，锻炼头脑，陶冶情操，又能增强记忆，提高计算本领。每一朝代都涌现出许多才华出众的围棋高手，流传着许多优美动人的围棋史话。

中国围棋于2008年入选第二批国家级非物质文化遗产名录。

人物、经典

代表人物：尧、丹朱。

相关经典：《棋经》。

德育

陶冶情操、黑白分明、礼让、棋道即天道。

智育

通过对弈开发智力、启迪思维。同时通过了解围棋历史文化及代表人物的故事增长见识。

体育

对弈是脑力与体力的较量。

美育

掌握棋盘黑白分明、落子布局之美。

劳动技术教育

开展围棋竞赛。

中国象棋 Chinese Chess

非遗简介

中国象棋通称“象棋”，属于二人对抗性游戏的一种，用具简单，趣味性强。它模拟古代战争、直线战争、陆地战争、平面战争，使用方形格状棋盘及红黑二色圆形棋子进行对弈。双方交替行棋，先把对方的将（帅）“将死”的一方获胜。在古代，象棋被列为士大夫们的修身之艺。现在，象棋被视为怡神益智的活动。它对启迪智慧、陶冶情操、调养身心、交流文化等都有着积极作用。

中国象棋于2008年入选第二批国家级非物质文化遗产名录。

人物、经典

代表人物：舜、象。

相关经典：《橘中秘》《梅花谱》《棋王》。

德育

明白棋理与棋德。如“棋虽小道，品德最尊”“观棋不语真君子，落子无悔大丈夫”等。

智育

通过对弈开发智力、启迪思维。同时通过了解象棋历史文化及代表人物的故事增长见识。

体育

对弈是脑力与体力的较量。

美育

明白象棋之美、人生哲理（如棋子的表象指代）。

劳动技术教育

开展校园象棋比赛。

太极拳

Tai Ji

非遗简介

太极拳，是以中国传统儒、道哲学中的太极、阴阳辩证理念为核心思想，集颐养性情、强身健体、技击对抗等多种功能于一体的中国传统拳术。作为一种简单又高深的运动，太极拳在练气、蓄劲、健身、养生、防身、修身等方面，都会让人一辈子受益无穷。

2006 年，太极拳被列入中国第一批国家级非物质文化遗产名录。

人物、经典

代表人物：张三丰、杨露禅。

相关经典：《易经》《道德经》。

德 育

武德为先、刚柔相济、以弱胜强。

智 育

太极与传统文化、辩证法思考。

体 育

学习太极拳。

美 育

太极的和缓刚柔之美。

劳动技术教育

表演太极拳等。

咏春拳 Wing Chun

非遗简介

咏春拳作为一种武术文化，按照“师徒相传”的原则授教，秉承“武德之道、武技之道、武艺之道”，继承传统武艺，坚守历史传统，发扬博大精深的传统体育美。在经历了岁月的积淀和文化的沉淀后，在发展中不断寻找适合自己的道路，融入科学的改革和创新。

米机王咏春拳，于2012年入选天河区非物质文化遗产名录，2013年入选广州市第四批非物质文化遗产名录，2015年入选广东省第六批省级非物质文化遗产代表性项目名录。2017年，黄念怡被评为广东省级非物质文化遗产传承人。2018年，黄冬薇被评为广州市级非物质文化遗产传承人。

人物、经典

代表人物：梁赞、叶问、黄飞鸿、李小龙。

相关经典：李小龙《功夫之道》《咏春拳》《武经》，结合叶问祖师的故事。

德育

了解中国武术的精神、道德，如“以武止戈，未曾习武先习德”以及勇敢的精神，学习武德、武礼和武术。

智育

身体协调促进智力发展。

体育

精武精神、强身健体。

美育

高手肘打踹踢的武术美学、健美的审美。

劳动技术教育

练习咏春拳，进行咏春拳的套路表演比赛等。

民间口技

Folk Kouji

非遗简介

口技是优秀的民间表演技艺，是杂技的一种。起源于上古时期，人们狩猎时，模仿动物的声音来骗取猎物，获得食物。宋代，口技已成为相当成熟的表演艺术，俗称“隔壁戏”。口技表演者用口、齿、唇、舌、喉、鼻等发声器官模仿大自然各种声音，如飞禽猛兽、风雨雷电等，能使听的人达到身临其境的效果。这种技艺在清代属“百戏”之一。

2011 年 5 月 23 日，口技经国务院批准被列入第三批国家级非物质文化遗产名录。

人物、经典

代表人物：公冶长。

相关经典：《口技》、《老残游记》中的“明湖居听书”王小玉表演。

德育

掌握技与德的关系，慎防欺骗。

智育

了解口技历史和传统文化传承。

体育

口技须结合身体语言表演，达到身口合一。

美育

欣赏口技营造的自然天籁之美。

劳动技术教育

可以团队配合，进行群口口技大会演等。

鲁班传说

The Legend of Lu Ban

非遗简介

鲁班传说是山东地方民间传说之一。鲁班是春秋末期的一个工匠，原名公输盘，由于技艺超群，又是鲁国人，所以又称“鲁班（般）”。古代生产力极度低下，鲁班在机械、土木、手工等方面的发明提高了生产力。他是我国历史上著名的工程师、伟大的发明家，被奉为百工之祖。现在，刨根溯源、一丝不苟、专注专研、创新成就的精神，又被称为“鲁班精神”。

2008年6月7日，鲁班传说经国务院批准被列入第二批国家级非物质文化遗产名录。

人物、经典

代表人物：鲁班。

相关经典：《考工记》《木经》《鲁班经》《营造法式》。

德育

工匠精神，敬业、一丝不苟。

智育

通过鲁班锁等益智游戏开发智力。

体育

学习木作的一些基本功。

美育

欣赏明清家具之美。

劳动技术教育

制作小家具、木工制作。

龙舞文化

Dragon Dance

非遗简介

龙舞，也称“舞龙”，民间又叫“耍龙”“舞龙灯”，中国传统民间舞蹈之一。直至现在，龙舞仍是民间喜庆节令场合普遍存在的舞蹈形式之一。龙是中华民族的图腾和被信奉的祖先；龙舞是华夏精神的象征，它体现了中华民族团结合力、奋发开拓的精神面貌，包含了天人和谐、造福人类的文化内涵，是中华民族极为珍贵的文化遗产。

2006 年，龙舞被列入国家级非物质文化遗产名录。

德育

精诚团结、齐心协力。

智育

掌握龙生肖、龙图腾等龙文化。

体育

通过舞龙锻炼身体、团结协作。

广东醒狮

Guangdong Lion Dance

非遗简介

醒狮源于汉代，脱胎于唐代宫廷狮子舞，造型威猛，制作考究，注重配件与装饰，以中国传统戏曲三国人物面谱做鉴；眼帘、耳朵、嘴巴皆可动，头顶一只尖角，威风凛凛，融舞蹈、音乐、武术、技巧于一体，象征吉祥如意、兴旺进步。

广东醒狮舞动时注重马步，一般是两个人舞一头狮，配大锣大鼓，由“大头佛”引领，以“采青”为主题，有起、承、结、合等过程，具戏剧性和故事性。

2006年5月20日，广东醒狮经国务院批准被列入第一批国家级非物质文化遗产名录。2017年，赵伟斌入选广东省第五批省级非物质文化遗产项目代表性传承人。

人物、经典

代表人物：黄飞鸿、赵伟斌。

相关经典：电影《男儿当自强》。

德育

甘为人后、精诚团结、不畏艰险、奋发图强、雄壮、甘为人梯、精诚团结。

智育

醒狮的戏剧性和故事性。

体育

锻炼体力，学做醒狮操，练习马步。

美育

醒狮的头部和狮身的整体设计、色彩搭配。

劳动技术教育

表演舞狮。

非遗·活动

传承传统民间艺术，感受非遗文化魅力

——华南师大附小 2018—2019 学年度第一学期开学典礼暨中华传统民间艺术展演开幕式

钟遂贤

2018 年 9 月 3 日，华南师大附小全体师生齐聚学校运动场，举行了隆重的开学典礼暨中华传统民间艺术展演开幕式。这是学校一千三百多名同学进入高一年级学习、生活，迈上新征程的第一天，是一个值得庆贺和纪念的日子！这年，华南师大附小被教育部评为全国中小学中华优秀文化艺术传承学校。

新学期升旗仪式在庄严的国歌声中拉开序幕，全体师生奏唱国歌，随后，伴随着华南师大附小校歌的音乐响起，同学们热情地合唱，展现了全体师生积极向上、拼搏进取的精神风貌。

华南师大附小 2018—2019 学年度第一学期开学典礼
暨中华传统民间艺术展演开幕式现场

接下来，华南师范大学附属小学张锦庭校长致辞，表达了对新学期新学年的展望。然后，广东省教育厅体卫艺处许顺兴处长致辞，表达了对华南师大附小被教育部评为全国中小学中华优秀文化艺术传承学校的祝贺。最后，传统文化与素质教育负责人韩玉瑕女士发言，表示了对附小传承传统民间文化的大力支持。

广东音乐《步步高》演奏

老师和同学们都认真学习中华优秀传统文化艺术，积极参与丰富多彩的美育活动，努力提高审美能力和人文素养，培育深厚的民族情感，弘扬中华美育精神，增强文化自信。同学们参与了弦乐四重奏广东音乐《步步高》、京剧《梨园娃娃》、武术表演《威武少年》，老师们也积极参与到传统文化传承的活动中。

《威武少年》武术表演

老师们穿着传统服饰

这一天，我们齐聚一堂，共同见证华南师大附小被授予“全国中小学中华优秀文化艺术传承学校”这一荣誉称号的庄严时刻，这是何等的光荣！非遗传承教育进入学校，这是一项创新，打破了以往通过民间艺人以师带徒方式进行非遗传承的模式，让非遗文化得以更加深入地在学校广泛宣传和推广。

如今的华南师范大学附属小学，是广东省在非遗文化融入小学课程学习的重要实践基地，承载着传承中华优秀文化艺术的使命。相信附小将会以获授牌匾为契机，继续深入开展中华优秀传统民间艺术活动，让传承传统之风吹遍华师附小的每一个角落，培养非遗传习人，使非物质文化遗产世代相传，传之久远。

“全国中小学中华优秀文化艺术传承学校”揭牌仪式

通过非遗文化艺术展演，全体师生能够在有趣的学习中喜欢上非遗文化课程，还要把源于生活的文化与时俱进地融入当今社会，让非遗生动活泼地扎根于我们的生活之中。

华南师大附小的中华传统民间艺术展演活动被各大媒体争先报道。

希望我们全体附小人能敢为人先，勇于实践，探索出一条科学合理的“学习中华传统、传承非遗文化”的课程体系，让每一位附小人都能成为传承中华优秀传统文化的接班人。

开学典礼上的京剧《梨园娃娃》表演

探秘非遗传统艺术——皮影戏

陈 美

中华传统文化博大精深，是中华民族几千年的精神积淀，是中华民族生生不息、延续发展的不竭动力。开学以来，三年级的孩子们在汉服文化、传统刺绣、木版年画等非遗课程里品味着传统文化的魅力。

为了让孩子们更深入地感受非遗文化的魅力，2018年10月24日下午，我校举行了“华南师大附小传承传统民间艺术大课堂——大师与你面对面”活动。学校邀请了广州美术学院美术教育专业课题讲师陈芳老师带领孩子们走近另一种中国民间古老的传统艺术——皮影戏。

一段精彩的皮影戏视频吸引了台下的小观众们，视频中的“影人” 在艺人的操纵下，靠灯光投射映到白色布幕上，与乐器伴奏和唱腔配合，便成为“一口叙还千古事，双手对舞百万兵”的艺术形象。

陈老师先向孩子们介绍了皮影戏，带领孩子们了解皮影的表演形式和它的幕前幕后，孩子们都听得非常认真。在光与影的实验游戏中，孩子们看到

孩子们被陈芳老师的讲课吸引住了

老师利用光影创作出了栩栩如生的蜘蛛和小猫，个个都跃跃欲试，迫不及待要上台展示自己创作的小动物。在灯光的投射下，一双双小手变成了螃蟹、鸽子、兔子、小狗……接下来，孩子们观察了皮影戏的人物动态，包括腰身动作和四肢动作，甚至有小朋友自告奋勇上台模仿皮影人物的动作，其惟妙惟肖的表演赢得了小观众们热烈的掌声。通过观察皮影人物的服饰、发髻和动作等特点，孩子们发现，原来这些都是构成各种性格鲜明皮影角色的重要因素。

最后，陈老师介绍了皮影的制作工程，看似简单的皮影原来是经过八步复杂的工序——选皮、制皮、画稿、过稿、镂刻、敷彩、发汗熨平和缀结——才能呈现给观众的，其中凝结了很多工匠艺人的心血。

千百年来，皮影戏作为一种传统民间艺术，伴随着祖祖辈辈度过了许多欢乐的时光。听完讲座，孩子们纷纷表示想要回去更深入地了解皮影戏，将这一优秀的非遗文化传承下去。

同学们专心听讲，积极回答陈芳老师的提问

我是小小传承人，我与布贴画大师面对面

邹　琳

我国非物质文化遗产内容丰富、绚丽多彩，承载着中华民族优秀传统文化的精髓。中华文化历经千载，传承下来一系列的传统民间技艺，如：剪纸、刺绣、民间绘画等。布贴画则是在剪纸、刺绣、民间绘画等艺术形式上的一种拓展。

2018 年 10 月 31 日下午，我校给四年级学生举行了一场别开生面的级会——“华南师大附小传承传统民间艺术大学堂——大师与你面对面”系列活动之一。在主持人邝蔚祺级长的组织下，孩子们早早来到会场。这次，学校邀请了季洪生大师带领孩子们走近中国民间古老的传统艺术——布贴画。

季洪生大师是广州首个将环保概念融入布贴画创作的、中国屈指可数的布贴画大师，他的作品《二十四节气》荣获广东文化节金奖。

首先，季老师用一段视频向孩子们展示了布贴画的创作过程。每一幅布贴画作品构思巧妙，色彩很有特色，这些作品都饱含了布贴画匠人的用心。看着视频，季大师精细入微、严谨认真的工作日常深深打动了每个孩子的心。季大师有一个亲切的称呼“大舅舅”，那是因为他的侄女向他学画，总是喜欢问一句：“大舅舅，大舅舅，这个布怎么贴？”没想到这个亲切的称呼也深深地印在孩子们心里。原来，季大师早在三十多年前就开始在生活中细致观察，研究布贴画的创作了。

季老师带到现场的布艺作品

布艺贴画作品《街区阳光》

孩子们通过各种各样的图片了解了什么是布贴画、布贴画的创作过程以及布贴画和环保相结合的重要性。孩子们个个都睁大眼睛，仔细欣赏季大师创作的作品，场下不时发出一阵又一阵惊叹声。当孩子们看到一幅季大师历时五个多月，用几千种布料和几百种颜色创作出的 3 米高、5 米宽的布贴画墙作品时，都情不自禁地鼓起掌来，掌声是那么热烈，表达了“小小传承人”们对大师的深深敬佩之情。

在季大师亲自向大家介绍他的作品以及创作的经过时，场下顿时传来整齐又热烈的“大舅舅”的呼喊声。季大师耐心细致地领着大家现场观看布贴画师傅们贴画的过程。他边展示边解释，孩子们都忍不住站起来，生怕漏看掉什么细节。

最后，九名幸运的“小小传承人”上台体验现场贴画比拼，看看谁贴得又快又好。赛场上紧张，场下观众更是热烈地为大家加油。一阵阵欢呼声和呐喊声震撼了整个会场……表现最优秀的孩子获得了奖励。

开学以来，我校作为非遗传承保护实践基地，通过文教结合方式开展

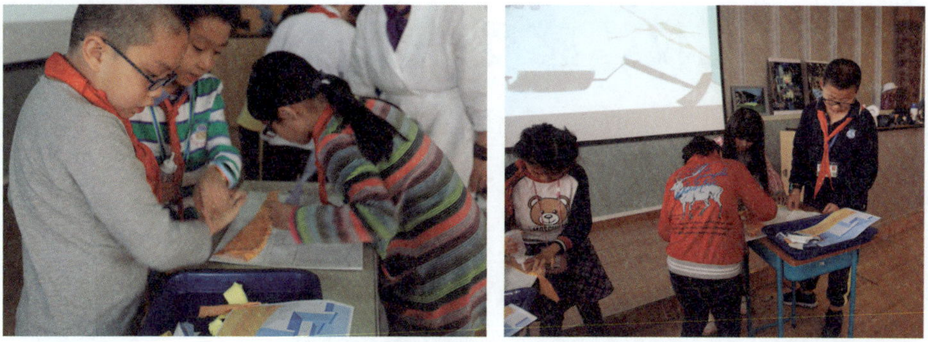

课堂上的体验环节

的“非遗课程”活动如火如荼，剪纸、书法、木版年画等非遗项目纷纷进入课堂，以培养非遗“小小传承人”。四年级的孩子们在二十四节气、太极拳、剪纸、泥塑等非遗精品课程里寻味着几千年来的传统文化，体验着民间传统技艺，感受着博大精深的中华文化。此次“大师与你面对面”活动，为孩子们提供了一个可以与非遗大师和非遗文化亲密接触的机会，让孩子们亲身体验，学习技艺，感受未来身上肩负的小小使命，对孩子们有着深刻的影响。

非遗文化中有许多项目本身具备艺术性、审美性、健康性，如传统美术、书法、音乐、舞蹈、戏剧、曲艺、传统技艺、传统体育和游艺等，基础知识亦不难入门，学习非遗知识与我们培养全面发展的学生的教育方针一脉相承。让我们共同期待下一次活动吧！

孩子们展示自己在老师指导下完成的作品

学习茶艺礼仪，感受茶文化魅力

吕成越

坐酌泠泠水，看煎瑟瑟尘。
无由持一碗，寄与爱茶人。
——白居易《山泉煎茶有怀》

茶，蕴藏着华夏民族数千年的文化，它不但与历史同在，也是历史的见证者之一。在不同的文明之下，茶都演绎着不同的身份和角色，附加着不同的文化内涵。

2021 年 10 月 13 日下午，我校开展了“华南师大附小传承传统民间艺术大学堂——大师与你面对面”活动，特邀请国家级评茶技师王原鹏，在腾飞楼二楼阶梯教室向全校师生进行现场直播，传授茶文化知识，让全体师生接受中国传统文化的熏陶。

德育室黄健聪主任主持本次活动

本次活动由德育室主任黄健聪主持，在主持人的介绍下，王原鹏老师缓步走上讲台，带领大家走进源远流长的茶文化殿堂。

王原鹏老师与同学们互动

首先，王原鹏老师给现场的同学们准备了互动环节，与孩子们交流了对茶的认识。接着，他对茶的分类、起源及功效进行了细致的介绍及展示，并对英德红茶作了重点介绍。王原鹏老师对英德红茶适制品种的特性和英德红茶技艺有特别深入的研究。最后，他对泡茶、喝茶的礼仪作了详细讲解与演示。全校师生聚精会神地一起学习茶艺技巧，温杯、投茶、洗茶、烫杯、冲泡、出汤、分茶、奉茶、品茗，沁入心扉的茶香让大家体会到茶文化所带来的安逸与亲和，感受到了中国茶文化的魅力。

茶艺师郭华青老师展示泡茶礼仪

泡茶使用的一茶一具，大师举手投足的从容优雅，潜移默化中让孩子们提升了学习的专注度。

习茶，可以在孩子的心中种下一颗茶文化的种子，这颗种子里包含了恭敬、精简、尊敬，也可以让生活多一份仪式感，让孩子感知生活的细节美。

精辟的讲解，清雅的茶香，亲切的互动，现场氛围十分热烈。大家通过学习茶文化，提升了品茶的境界，心灵得到了净化。

同学们近距离接触茶叶

传人间之大美　启智慧之灵性

——记传承传统民间艺术大学堂之剪纸

余晓群

2019年3月13日，阳光和煦、春风拂面，我校六年级全体师生齐聚四楼阶梯课室，享受了一场非遗文化盛宴——广式剪纸传承人练晓红老师的剪纸艺术讲座。练晓红老师从事剪纸艺术多年，她所创作的作品多次获得国家级、省市级奖项，部分作品被广府庙会组委会、荔湾区总工会收藏。

练老师与同学互动

练老师身着旗袍，端庄大方、笑容亲切地走上讲台。她先向同学们提出了什么是“四君子”的问题，同学们踊跃参与，积极回答，接着顺势引入了剪纸的主题。

整个讲座分为三个部分：剪纸的起源、最早的剪纸、剪纸在现代生活的应用。

在讲述“剪纸的起源”时，练老师绘声绘色地讲了一个重明鸟的故事。在故事中，练老师不断设置悬念，让孩子们大胆想象推理，趣味横生，既激发了孩子对非遗文化的兴趣，又让孩子们对剪纸艺术的历史有了更深刻的印象与自己的理解。

接着，练老师向同学们介绍了“最早的剪纸”，如南北朝对猴团花、对马团花、汉代画像砖、金鸟负日牙雕残件……孩子们遨游于从古至今的剪纸作品中，不时发出阵阵惊呼声。

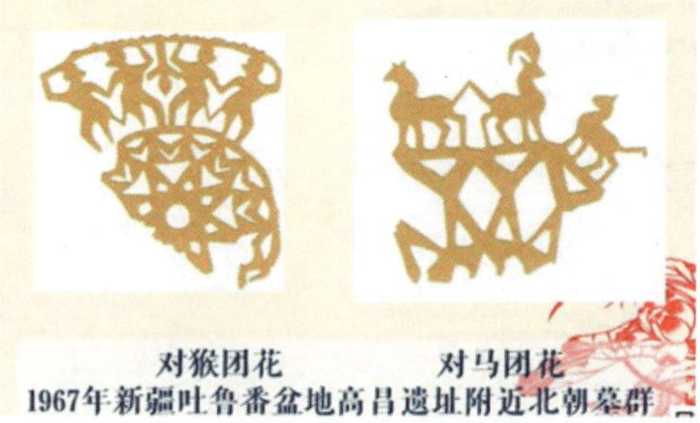

最早的剪纸，新疆吐鲁番出土

南北朝金银花团花

南北朝对猴团花

练晓红老师还向同学们展示了她的一些剪纸作品，“风调雨顺国泰民安”“丹凤朝阳”“和谐幸福”……当图片中出现孩子们熟悉的广州风景与建筑时，孩子们激动起来，七嘴八舌地讨论个不停。通过一幅幅精美的剪纸，练老师向孩子们介绍了广州这些风景名胜与现代建筑的历史与特色。在这一环节的介绍中，她不但引导孩子们欣赏艺术，而且向孩子们讲述了每一幅优秀作品背后创作的艰辛。

最后，练老师向同学们介绍了“剪纸在现代生活的应用”，如剪纸在现代服装设计中的应用，在礼品包装盒设计上的应用，在壁挂、场景布置等方面的运用……这些都让孩子们对剪纸艺术赞叹不已。

剪纸艺术源远流长，被誉为指尖上的艺术，于2006年被批准列入第一批国家级非物质文化遗产名录。练晓红老师通过生动形象的描述，与孩子们亲切地互动，把小小剪纸引进了校园，不但提高了孩子们的艺术鉴赏能力，更让孩子们对祖国和广州的非遗文化有了更深层次的了解。

练老师向同学展示的剪纸作品

春意盎然，曲韵悠扬

——记传承传统民间艺术大学堂之粤剧

万宝莹

本学期，“华南师大附小传承传统民间艺术大学堂——大师与你面对面”系列活动继续带领同学们走进内容丰富、绚丽多彩的中国非物质文化遗产。2019年3月13日下午，我校请来粤剧传承人吴非凡大师给五年级学生举行了一场别开生面的级会。级会在校办李向炜副主任的主持下拉开序幕。

吴非凡老师在给学生讲课

粤剧是广东传统戏曲之一，是糅合唱念做打、乐师配乐、戏台服饰、抽象形体的表演艺术。吴非凡大师是中国戏剧梅花奖、上海白玉兰奖获得者，她师承罗家宝、倪惠英，扮相清新秀逸，唱腔明丽婉转，表演细腻传神，武打洒脱帅气，文武兼备，被誉为“全能花旦”。

首先，吴老师用一段《鸳鸯剑》粤剧视频迅速拉近了孩子们与粤剧的距离，孩子们都被深深吸引，看得目不转睛。

接着，吴老师用自己从小学粤剧，10岁独自去南京比赛获小梅花奖大赛金奖，后来第一个专升本考入星海音乐学院，成为广东省拔尖人才的求学经历，勉励同学们努力加油，每天做得更好一点，就一定能做得很棒！同学们都为吴老师的努力付出报以热烈的掌声。

然后，吴老师从粤剧的唱念做打分别为同学们生动演示了粤剧的表演艺术。吴老师优雅的气质、传神的眼神、丰富的肢体语言，无时无刻不散发着自信和魅力，大家都情不自禁地鼓起掌来，掌声是那么热烈，表达了“小小传承人”们对大师的深深敬佩。

最后，四名幸运的“小小传承人”亲自上台体验，接受大师的现场指导。

级会在大家的恋恋不舍中落下帷幕。许多同学会后热情地围着吴老师问各种粤剧问题，并索要签名和合影留念。吴老师用自己的个人魅力和精彩的展示，在同学们心中播下了一颗小小的粤剧种子。

吴老师给同学们示范如何甩水袖

感受非遗文化精妙，吸收民间艺术精华，传承中华匠人精神

——记华南师大附小 2019 年“小手牵大手”家长开放日活动

钟艳娟

美好仲夏，高蝉远韵，又是一年儿童节。

2019 年 5 月 30 日上午，华南师范大学附属小学紧紧围绕“施行美好教育，成就教育美好”的工作思路，传承中华优秀传统文化，感受非遗文化的魅力，为培养学生传承中华民族优秀传统文化的美德、美育，使其成为德智体美劳全面发展的社会主义建设者和接班人，开展 2019 年“传承中华优秀传统文化，争做心怀感恩的好少年”传承非遗文化体验之“小手牵大手”家长开放日活动。

上午 8:30 在腾飞楼二楼阶梯教室举行了隆重的开幕仪式，出席本次活动的领导和嘉宾有广东省文化和旅游厅巡视员陈杭、广东省教育厅体卫艺处处长陈健生、广东省教育厅体卫艺处副处长林柏春、广东省文化和旅游厅非遗处副处长温星君、广东省少先队总辅导员李群英、华南师范大学副校长陈文海、华南师范大学社会服务处陈培新、广东省教研院谢绍熺、国强教育基金会会长罗劲荣和来自碧桂园集团、加拿大国际教育集团、广东省文联、广东省传统文化促进会、广州民协、各非遗文化传承人以及各兄弟院校的领导和嘉宾。

我们的活动也得到了教育杂志、新闻媒体的高度关注，如《现代中小学教育》主编江桂珍，广东教育杂志社总编室副主任黄日暖，还有《南方日报》和《新快报》等。

首先，华南师范大学附属小学张锦庭校长对各位领导嘉宾莅临学校指导表示热烈的欢迎和衷心的感谢。接着，张校长为大家介绍我校切实将中华优秀传统文化全方位融入学校美育全过程，以及在引领学生传承中华优秀传统文化艺术、树立学生正确的审美观念、陶冶学生高尚的道德情操、

张锦庭校长为嘉宾介绍学校开展传承非遗文化课程的情况

用中华优秀传统文化浸润学生心灵等方面的举措。

嘉宾代表国强教育基金会会长罗劲荣、华南师范大学副校长陈文海、广东省教育厅体卫艺处处长陈健生、广东省文化和旅游厅巡视员陈杭分别为这次活动致辞，肯定了我校是广东省在非遗文化融入小学课程学习的重要实践基地，承载着传承中华优秀文化艺术的使命，在“非遗进校园”方面作出了非常好的表率，寄语我们以这次开放日为契机，继续深入开展中华优秀传统民间艺术活动，让我们感受到上级领导和各界人士的关怀。

接着举行隆重的颁奖仪式：广东省教研院主任谢绍熺为我校颁发中小学特色学校建设成果一等奖荣誉证书；广东省文化和旅游厅巡视员陈杭授予我校非遗进校园“示范学校”荣誉牌匾。

领导和嘉宾观看了南国醒狮《狮跃龙门步步高》、米机王咏春拳《咏春·传承》、南国粤剧《彩云追月》、广东音乐《步步高》和京剧艺术《梨园娃娃》等五个非遗项目展演。

我校 31 个班级有 31 个不同的非遗文化主题布置及环创设计，让

各班展板

广东醒狮表演

咏春拳表演

粤剧表演

广东音乐演奏

京剧表演

孩子们在非遗的文化环境中潜移默化地受到艺术和美的熏陶。开放日当天，31 个班级为参加活动的嘉宾、家长和孩子们准备了各种各样的非遗文化体验活动，让大家近距离、全方位感受到非遗文化的独特魅力和精彩纷呈。

参观 31 个班师生精心制作的非遗文化展板

参观附小腾飞楼非遗文化展示区

本次开放日活动得到社会各界的大力支持，取得圆满成功，一些话语在我们耳边回响——

“希望华南师大附小以‘非遗开放日’为契机，继续深入开展中华优秀传统民间艺术活动，让传承传统之风吹遍华师附小的每一个角落，甚至影响整个华师，乃至全社会，培养非遗传承人，使非物质文化遗产世代相传，传之久远。”

“我们期望附小在开展非遗系列活动中，进一步探索‘非遗进校园’的‘广东模式’，通过‘定标准、强师资、育新人’，让非遗走进课本、走进家庭，走进每一个人的生活中。”这是上级领导对我校的殷切期望。

“非遗不应只是停留在纸面上的几行陌生名录，而应是鲜活地存在于人们日常用度和体验当中，每位学生都是一颗‘非遗传承’的种子，一个孩子影响一个家庭，一个家庭影响一个社区，社区合力辐射整个社会。”这是一直以来关心、支持我们的热心人士的美好愿景。

学生体验舞狮

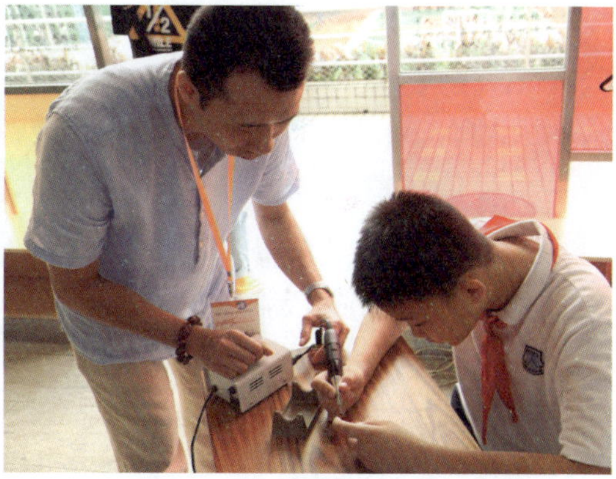

学生体验榄雕

“美与想象，千年的历史和艺术魅力是非遗课程给孩子最美的馈赠。今天的活动非常精彩而且好玩，何时何地都令人赏心悦目。”这是家长参加这次开放日的真切感受。

今后，将继续大力开展传承非遗文化活动，通过艺术展演、开设校本课程等方式将非物质文化遗产引进校园，把校园建成一座非遗博物馆，让每一个孩子、每一位家长、每一位来宾，在校园内的每个角落都能受到我国优秀传统文化的熏陶。我们一定会把传承非遗文化当成一种责任，不断提高我校学生对非遗文化项目传承和保护的参与感、获得感。我们相信，在省教育厅、文化和旅游厅以及华南师范大学等各级领导的关心和支持下，我校传承非遗文化的活动一定会越办越好！

广彩，惊艳时光的相遇

周 婷

“广彩”，一种在白瓷器皿上彩绘、烧制而成的传统工艺品，至今已有300多年的历史。2019年6月12日下午，华南师范大学附属小学二年级举行了一场别开生面的级会：“传承传统民间艺术大学堂——大师与你面对面”活动，与广东本土的非遗之宝——广彩，来了一场惊艳时光的相遇。

广彩大师赵艺明讲课

本次邀请的广彩大师赵艺明老师，20世纪70年代起随父亲赵国垣学艺，得其言传身教，除学习颜料研制外，兼学广彩传统技艺，并在传统基础上锐意创新，结合现代绘画技法、意念，表现出一种不拘泥于传统、古今结合的艺术特色。

赵老师从广彩的起源发展介绍起，展示了不同的广彩瓷器，还讲述了其中的历史故事。广彩作为一种地方文化，孕育于珠江，生于岭南，既从岭南文化中吸收了丰富的养分，又丰富了岭南文化的内容。

通过赵老师的介绍，我们还知道了广彩瓷器因外销而产生，是为适应外商的需要和喜好而逐渐发展起来的一种特有的艺术彩绘瓷。

广彩的制作方法看似简单，却内涵丰富。先要用墨笔在瓷盘上车线、开幅、打稿；然后用陶瓷颜料在瓷盘上车线、写斗方、边饰；再用陶瓷颜料在瓷盘上画主幅图案；最后上色，烧制，作品完成！

赵老师的讲座娓娓道来，从广彩的前世讲到今生，展示了精美绝伦的广彩作品，孩子们都啧啧称赞，切实感受到了广彩“色彩鲜艳、金碧辉煌”的特点。

学生们认真听讲并积极体验

赵艺明老师的广彩作品

咏春拳的“艺”生守候

黎艺舟

咏春拳传人刘有宁大师讲课

说到咏春拳，大家首先想到的可能是叶问，又或者是李小龙，因为是他们将咏春拳发扬光大，带向世界，为大众所知。2019年10月9日周三下午，我校六年级学生迎来了一场融合了认识与体验的级会——“华南师大附小传承传统民间艺术大学堂——咏春拳大师与你面对面”活动。在主持人李向炜副主任的组织下，同学们早早来到会场，静心等待着。这次活动，学校邀请了中国咏春拳传承大师刘有宁来与同学们进行面对面的交流。

刘有宁大师是中国咏春拳传承大师，广东省咏春拳协会荣誉会长，广东省咏春文化产业研究院院长。首先，刘有宁大师以同学们喜闻乐见的形式——故事，讲述了咏春拳的起源。中国咏春拳至今已有超过300年的历史，相传咏春拳的创始者是福建福清南少林的少林庵五枚师太（原名朱红梅），五枚师太将禅武结合，最终创出一种适合女性演练的实用功夫——咏春拳。之所以用“咏春”二字命名，是其一生博学心得的体现。如简单的一个“咏”字的右半边“永”字的点、横、折、竖、挑、撇、捺，都暗藏着咏春拳的拳理与招法。我们在影视作品中看到演员把咏春的招式打得很是好看，但现实的咏春拳经过了历史的沉淀，去芜存菁，已经去掉了花拳绣腿的招式，留下精练朴素、简单明快的招式。而这些招式中也蕴含了“礼尚往来”“通达灵活”等人生哲理。说到这里，刘大师还特意勉励同学们不要把目光只放在外国文化上，而应更多地接触我们国家的传统文化，了解我们国家的传统文化，将来发扬我们国家的传统文化。刘大师精彩的讲述，获得了同学们阵阵热烈的掌声，大家更是期盼能一睹大师演示咏春拳的风采。

刘大师当然不会让同学们失望啦！为了更好地开展后续活动，刘大师播放了两段视频，其中一段是他与一名五年级的“小徒弟”练习“躲避”的过程。同学们屏息凝神，认真地观察视频中两人的互动。当大家发现大师在练习的过程中，不断地变换方向对“小徒弟”进攻：上勾、下压、左拳、右拳……而“小徒弟”都能轻松应对时，不禁发出一声声的赞叹。

课堂示范咏春拳动作要领

随即，刘大师为大家讲解了这些动作的原理以及要领。望着座位上跃跃欲试的同学们，刘大师先邀请六年（3）班的张一苇同学进行亲切的交流，了解他是否学过武术，有些什么样的心得。张一苇同学的应答落落大方，赢来了刘大师的频频点赞。刘大师讲解后，两人就真刀实枪地“动起手”来了。这一互动，直接将现场的气氛推向高潮，在场的同学们纷纷表示希望能上台得到大师的亲自指导。最后，大师随机挑选了十名同学，进行了集体教学，对他们的反应能力进行了初步的训练。

快乐的时光总是短暂的，一次寓教于乐的级会，在同学们热烈的讨论中渐渐落下帷幕。会后，同学们久久不愿散去，纷纷拉着刘大师提出各种问题，刘大师都耐心地一一进行解答。还有小粉丝马上拿出本子和笔，让刘大师签名留念呢。看来，又一批传统民间艺术的种子撒进了同学们的心田。让我们期待这些种子早日生根、发芽，将我们国家的传统文化一代又一代地传承下去！

广州榄雕——国家级非物质文化遗产

李红梅

榄雕是广东民间工艺品的一种，也是岭南工艺美术的特色工艺。历代艺人继承了岭南古越族人的原始艺术，不断进取，力求创新，使榄雕这种在我国南方有独特风格的工艺美术品更加精巧和实用。2019年10月23日周三下午，我校四年级学生迎来了一场视觉盛宴般的级会——“华南师大附小传承传统民间艺术大学堂——榄雕大师与你面对面”活动。在主持人邓冠虹老师的组织下，同学们早早来到会场，静心等待着。这次活动，学校邀请了广州榄雕代表性传承人曾宪鹏来与同学们进行面对面的交流。

广州榄雕代表性传承人曾宪鹏大师讲课

曾宪鹏先生是广东省工艺美术大师，榄核雕刻技师，“广州榄雕”市级非物质文化遗产代表性传承人。首先，曾宪鹏先生用通俗易懂的方式向同学们介绍了榄雕工艺的特点及历史。榄雕，即乌榄核雕刻的简称。在我国有着悠久的历史，从宋朝开始，就出现了关于榄雕工艺的相关记载以及出土了部分文物，至今已超过了1000年。榄雕工艺秉承了岭南文化的风格特征，造型秀丽、雅致，线条流畅，动静结合，细腻精微。明朝时期，当时的平民百姓甚至皇帝都非常喜欢榄雕，皇帝还经常亲自操刀雕刻，赏赐给大臣。《核舟记》中所描写的就是由明朝的榄雕艺人王叔远所创作的《苏东坡夜游赤壁》。曾先生告诉同学们，当时皇宫内的榄雕艺人待遇很高，每天收入在十两白银左右。榄雕在清代达到了很高的水平，甚至作为进贡给皇帝的贡品。

接着，曾先生给同学们看了一些榄雕艺人精美作品的图片。来自广州的艺人陈祖章所创作的核舟，将榄核雕成一条小船的形状，船上有八扇可以推动的窗户，微小到只有三分之一小指指甲盖大小。窗户上雕刻有精美的雕花和文字，其精细程度令人惊叹。学生们对这些精美的作品有很大的兴趣，为其高难度的做工和精细的加工发出一阵阵赞叹声。曾先生的父亲曾昭鸿是广东省工艺美术协会会员、广州市民间文艺家协会会员、国家级非物质文化遗产广州榄雕项目代表性传承人。他开创了榄核镶嵌工艺，在作品《大宝鼎》中，曾昭鸿大师加入了镂空和多个榄核镶嵌的工艺，整个作品只有两个鸡蛋的大小，可见做工的难度有多高。

制作榄雕是一个漫长而艰难的过程。首先，取材很难。乌榄树要经历40—50年成材，而到结出适合雕刻的橄榄核要80年。农民伯伯站在高高的橄榄的树枝上用长木杆将榄核打下来，是一件有生命危险的工作。其次，找好榄核之后，要经过选料设计、开毛坯、粗加工、精加工等一系列工作，最终才能完成一件精美的作品。最后，榄核的保存也是一个很大的问题，榄核易受天气和温度的影响而发生变化。曾先生说古代的艺人为了保存榄核的湿润度将榄核含在嘴里。而像榄核镶嵌工艺这种高难度的技术，对于榄核的条件有更高的要求，只能选在春夏交际，也就是梅雨时节，用大约一个月时间进行雕刻。

然后，曾先生给大家看了几件实物成品，引起了学生们极大的兴趣。大家从投影仪上看到整个作品只有指头大小，但上面却刻画了人物、船舱、雕花的窗户等一些很精致的东西，甚至连人物的神态相貌都清晰可见，栩栩如生。榄核的背面刻有密密麻麻两三百字，真的很难想象是如何将这么多细小的字刻在小小的榄核上的。如此高超的工艺令同学们惊叹不已，现场气氛达到高潮，不时爆发出热烈的掌声。

最后，曾先生进行了有奖问答，将小型榄雕挂件作为奖品送给回答正确的学生。大家都很踊跃地回答问题，看得出学生们从这个讲座中确实收获了许多。

快乐的时光总是短暂的，一次寓教于乐的级会，在同学们热烈的讨论中渐渐落下帷幕。会后，同学们久久不愿散去，纷纷跑到台前观看榄雕作品，看得出他们是真的很喜欢这一传统工艺。看来，又一批传统民间艺术的种子撒进了同学们的心田。让我们期待这些种子早日生根、发芽，将我们国家的传统文化一代又一代地传承下去！

南拳大师与你面对面

赖智锋

南拳又称南方拳，是中国七大拳系之一，是明代以来流行于南方的拳种的总称。它以福建、广东为中心，广泛流传于长江以南地区，故称南拳。作为南少林等拳种与中国南方各地拳种相结合的产物，南拳因套路短小精悍，结构紧凑，动作朴实，手法多变，短手连打，步法稳健，攻击勇猛，常伴以声助威，技击性强而遍布各省。

南拳传承人李朝旭大师讲课

2019年10月30日下午，我校三年级学生迎来了一场融合了丰富知识与体验的级会——“华南师大附小传承传统民间艺术大学堂——南拳大师与你面对面”活动。三年级全体师生共同参与了此次级会，本次级会由潘莉莉老师主持，学校邀请了广州体育学院武术学院院长、南拳大师李朝旭来与同学们进行面对面的交流。李朝旭老师从南拳是什么、武术进校园和如何“尚武”这三个方面与师生进行交流。

首先，李朝旭老师用通俗易懂的方式向同学们介绍了南拳的由来、南拳在广东的主要代表人物：黄飞鸿、李小龙和叶问。南拳是明代以来流行于南方的拳种的总称。南拳最初是出于南少林，在明代逐渐形成独立拳系。李朝旭老师告诉同学们，关于南拳的影视剧很多，我们要分清楚故事、小说、寓言和历史。李朝旭老师还通过岳飞精忠报国和岳云的故事告诉同学们，自古英雄出少年，同学们要了解历史，做一个有担当的少年英雄。

然后，李朝旭老师谈到，随着祖国的不断发展，教育部逐步将武术确定为“七大校园教育运动项目之一”，学习中国武术不仅传承了传统民间艺术，还能强身健体。他还告诫同学们要积极学习中国武术，传承中华优秀传统文化。

最后，李朝旭老师还从了解南拳、学练南拳这两个方面来告诉同学们如何“尚武”。除了理论知识的讲解，李朝旭老师还亲身示范了南拳的起式以及武术界的“敬礼”，学生们都充满兴趣，纷纷参与其中。有的同学还积极上台与高手“过招”。

快乐的时光总是短暂的，一次寓教于乐的级会，在同学们热烈的讨论中渐渐落下帷幕。同学们纷纷表示受益匪浅。这次活动不仅让他们有机会了解南拳，而且还近距离地体验了南拳。南拳，这一传统民间艺术的种子撒进了同学们的心田。我们相信，通过大家的共同努力，这些优秀传统文化将会一代又一代地传承下去！

同学们学习与南拳大师抱拳问好

书汉字之美，传一方文脉

管 宁

中华才艺课程专聘教师李瑞祥老师讲课

中国书法是中国汉字特有的一种传统艺术。书法是指按照文字特点及其含义，以其书体笔法、结构和章法书写，使之成为富有美感的艺术作品。汉字书法为汉族独创的表现艺术，被誉为“无言的诗，无行的舞，无图的画，无声的乐”等。同时，也是古代学生必须掌握的六艺之中不可或缺的一环。

2019 年 11 月 20 日下午，华南师范大学附属小学邀请华南师范大学国际文化学院中华才艺课程专聘教师李瑞祥老师在腾飞楼二楼阶梯教室开展“书写汉字之美——名师与你面对面”级会活动。本次级会活动由张硕司老师主持，二年级全体师生共同参与此次活动。满怀着期盼的心情，二年级全体学生迎来了书法名家的指点。

李瑞祥老师深入浅出地讲解了书法在中华传统文化中的重要地位，以君子六艺为例展示了古代人民对书法的重视。李瑞祥老师告诉同学们，汉字最初起源于兽骨、龟甲上的刻画，经过一代又一代的传承和演变，逐渐变成了现在的样子。

通过展示汉字从甲骨文到金文、小篆、楷书再到现在的简体汉字的演变动画，李瑞祥老师告诉同学们，很多汉字都是从最开始的象形甲骨文开始，演变成现在的简体字，同学们应当多去了解汉字这一书法的载体，做一个“肚里有墨水”的读书人。

在活动的最后，李瑞祥老师通过辨字小游戏帮助同学们开阔视野，进一步了解到古代汉字的演变和近现代书写的规律。同学们纷纷表示获

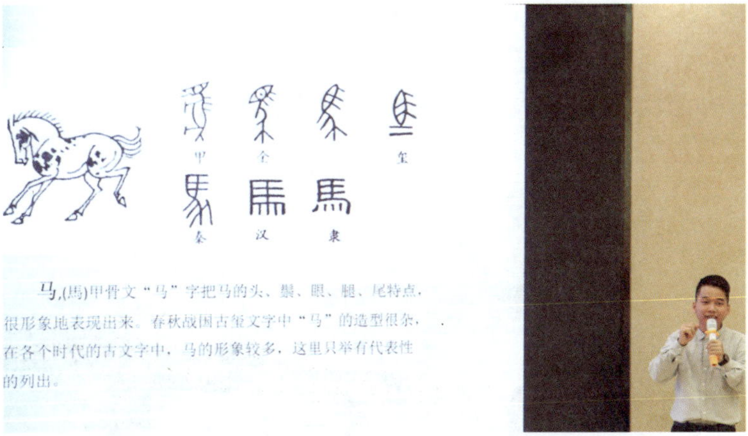

李老师告诉同学们，很多汉字都是从最开始的象形甲骨文开始，逐渐演变成现在的简体字

益良多，不仅收到了李瑞祥老师颁发的奖品，还了解到更多关于汉字书法的知识。李瑞祥老师以汉字的起源为起始点，通过展示汉字从古至今的演变，生动形象地为学生展现了汉字之美，给同学们留下了深刻的印象。相信书法这一历史悠久的传统民间艺术能够继续在同学们的手中薪火相传，逐渐发扬光大。

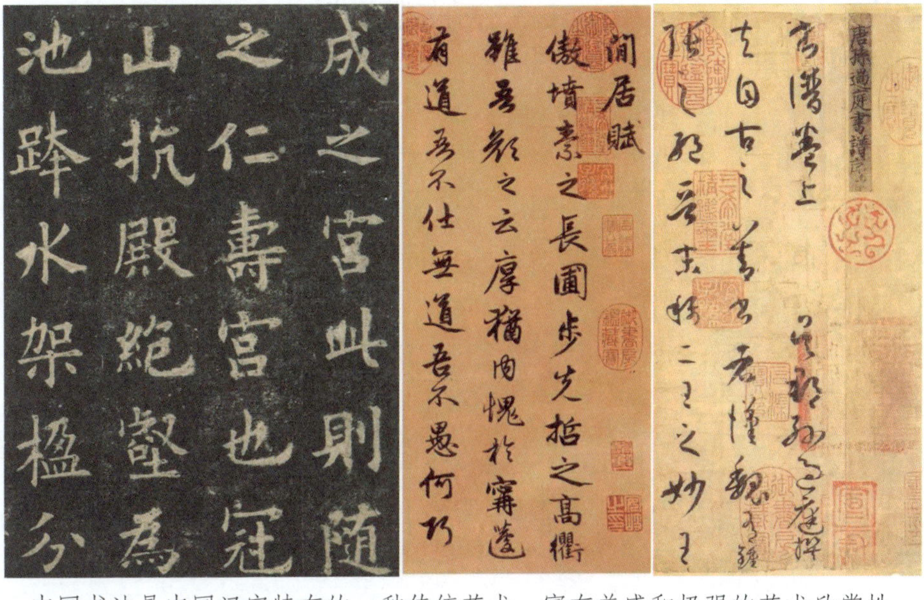

中国书法是中国汉字特有的一种传统艺术，富有美感和极强的艺术欣赏性

琴心诗韵

——记传承传统民间艺术大学堂之古琴

云惠茹

古琴，又称瑶琴、玉琴、丝桐和七弦琴。古琴音域宽广，音色深沉，余音悠远，至今已有3500年以上的历史，位列中国传统四艺“琴棋书画”之首，古琴被士人赋予修身养性的功能和典雅的审美意韵。

宁兰清老师为学生授课

2019年11月27日，“华南师大附小传承传统民间艺术大学堂——古琴大师与你面对面”活动在腾飞楼二楼阶梯教室举行。我校邀请了广州市岭南古琴艺术研究所团队、七木琴社、经典传唱工作坊岭南古琴艺术代表性传承人宁兰清教授，为一年级的小朋友呈现了一场充满诗意的古琴弦歌鉴赏会。

宁老师通过“对牛弹琴”“一琴一鹤”“焚琴煮鹤”“琴棋书画”等成语故事引领孩子们进入古琴的鉴赏；通过《登鹳雀楼》《静夜思》《双鹤听泉》《喜园中茶生》《梅花》等诗歌吟诵，让孩子感受琴音的松沉旷远，体验内心的祥和平静。

鉴赏的时间虽然短暂，但古琴的魅力、琴乐的洁净精微深深打动了孩子们，传承中华优秀传统文化的种子也已深埋孩子们心底。

预祝“非遗小剧场”活动圆满成功！

唐风妮

各班举行的精彩纷呈的“非遗小剧场”活动

我校紧紧围绕“施行美好教育，成就教育美好”的工作思路，把传承中华优秀传统文化、感受非遗魅力作为学校思想道德建设的有力抓手，大力构建非遗课程体系，大力推进优秀传统文化教育。

为了让学生通过参与丰富多彩的非遗文化体验活动，接受优秀传统文化的熏陶，培育广大学生深厚的民族情感，让他们记住我们文化的根，成为中华文明的薪火传承人，2019 年 12 月 18 日下午 2:30—4:30，我校各班将在教室举行“传承中华优秀传统文化，感受非遗文化魅力——非遗小剧场”的班级活动。各班学生以个人或小组为单位，编排与本班非遗项目相关的，并适合舞台演出的文艺节目。

另外，在举办活动的过程中，如果同学们和家长朋友们有一些有趣的故事或经历，可以记录下来，并发送给班主任老师。学校将选取优秀稿件刊登到我校“传承非遗文化”公众号。期待孩子们的精彩演出，预祝活动圆满成功！

非遗小剧场活动后，欢迎大家扫二维码点播观看当天各班同学们的精彩表演！

非遗小剧场：让非遗之花在童心间绽放

邹 琳

又到了粉色异木棉绚丽整个附小的季节，在这个美好的季节里，一朵朵美丽的非遗之花正在孩子们心间怒然绽放。

同学们穿上表演服装回到校园

2019 年 12 月 18 日下午 2:30—4:30，我校各班在教室举行了“传承中华优秀传统文化，感受非遗文化魅力——非遗小剧场”的班级活动。各班学生以个人或小组为单位，编排与本班非遗项目相关，并适合舞台演出的文艺节目。我校 32 个班级有 32 个不同的非遗文化主题布置及环创设计，让孩子们在非遗的文化环境中潜移默化地受到艺术和美的熏陶。32 个班级在班主任的带领下，准备了各种各样的“非遗小剧场”表演节目，让每个学生近距离、全方位、深体验地感受到非遗文化的独特魅力和精彩纷呈。

一（3）班“京剧文化”、二（1）班“龙舟说唱”，还有二（4）班“剪纸艺术”的同学们，换上了华丽的服饰，唱起了富有该班特色的旋律，孩子们还有模有样地比画着动作，摆起了姿势，颇有艺术家的风范；三（1）班“昆曲文化”的同学们身着华丽的戏服，头上戴着精美的头饰，脸上化着美丽的妆容，一人领舞，多人合作，给我们展现了著名的昆曲《游园惊梦》；“瞧！多美的汉服呀！”同学们惊叹道，原来是三（4）班的孩子们身着中国传统汉服，通过服装展示和朗诵等方式给我们展示了“汉服文化”的博大精深；二（5）班“岭南建筑”、三（5）班“二十四节气”，还有四（5）班“中国灯彩”的教室布置别具匠心，讲台变成了一个巨大的幕布，黑板上搭起了火红火红的剧场大舞台，教室顶上吊着孩子们亲手绘制的灯笼，门口处还悬挂着轻飘飘的中国山水画薄纱，让人一进教室就被这热闹的氛围感染；四（2）班的孩子们身着粉色的水袖汉服，伴随着优美的潮剧曲目，给我们展现了舞蹈《采薇》；二（6）班“周易文化”和四（3）班“太极拳”的同学们一身功夫装，伴随着音乐，打起了刚柔并济的太极拳；五（2）班“龙舞文化”的同学们伴随着音乐，舞起了代表吉祥如意的龙舞；五（3）班的主题是“广东凉茶”，孩子们化身小老师，用精美的PPT讲授了很多凉茶小知识，学完知识还可以亲自品尝凉茶，真是一场视听加味觉盛宴；四（1）班“中国象棋”和五（4）班“中国围棋”的同学们也不甘示弱，当即铺起了电子棋盘，聊起了下棋的规则和方法，好不热闹；五（5）班“青花瓷”的同学们把文房四宝都带到了学校，将书法、舞蹈和青花瓷这三大艺术完美结合，展示了精彩的表演；六（2）班“川剧变脸”的同学们身着川剧变脸的表演服，给在场同学展示了精彩的变脸表演；三（3）班“木版年画”、四（4）班“传统漆画”、四（5）班中国灯彩和六（5）班“广东榄雕”的同学通过艺术再现、图片展示、才艺展示等方式，让同学们感受传统工艺的精妙……精彩节目实在是太多了，看了这个又害怕错过了那个。

“昆曲文化”展示——舞蹈《游园惊梦》

“京剧文化”小剧场表演

“龙舟说唱”小剧场表演

“太极拳”节目表演

“中国灯彩”节目表演

“川剧变脸”节目表演

“岭南建筑”节目表演

每个班级的非遗小剧场节目都非常精彩，在场的同学们都目不转睛，掌声一阵接着一阵。非遗之花朵朵开，欢乐的童心和一张张灿烂的笑脸成了这个下午的主旋律。华南师范大学附属小学张锦庭校长、江伟英副校长和吴启航副校长也加入各个班级的活动中，和孩子们一起参与，一同享受非遗小剧场带来的盛宴。

如果你错过了今天的非遗小剧场，怎么办？别担心，自 2020 年 1 月 1 日开始，

“二十四节气”展示——歌曲《年画娃娃》

“潮剧文化”——舞蹈《采薇》

欢迎大家通过扫描右方二维码的方式，随时点播欣赏同学们的精彩表演！在举办活动的过程中，如果同学们和家长朋友们有一些有趣的故事或经历，可以记录下来，并发送给班主任老师。学校将选取优秀稿件刊登到我校的“传承非遗文化”公众号。

2019年是“非遗”文化进入附小的重要一年，我校紧紧围绕“施行美好教育，成就教育美好”的工作思路，把传承中华优秀传统文化、感受非遗魅力作为学校思想道德建设的有力抓手，大力构建非遗课程体系，大力推进优秀传统文化教育。为了让学生通过参与丰富多彩的非遗文化体验活动，接受优秀传统文化的熏陶，培育广大学生深厚的民族情感，让他们记住我们文化的根，成为中华文明的薪火传承人，今后，我校将继续大力开展非遗传承文化活动，通过艺术展演、开设校本课程等方式将非物质文化遗产引进校园，把校园建成一座非遗博物馆，让每一个孩子、每一位家长、每一位来宾，在校园内的每个角落都能得到我国优秀传统文化的熏陶。我们一定会把传承非遗文化当成一种责任，不断提高我校学生对非遗文化项目传承和保护的参与感、获得感。相信在省教育厅、文化和旅游厅以及华南师范大学等各级领导的关心和支持下，我校传承非遗文化活动一定会越办越好！

弘扬岭南文化，传承粤语相声

吴彩虹

金秋十月是收获的季节，金秋十月也是欢乐的季节。喜逢深圳经济特区建立40周年之际，我校也迎来一场特别的盛会：2020年10月14日下午，有幸邀请到国家一级演员、著名粤语相声表演艺术家、粤语相声泰斗——黄俊英大师来给六年级全体师生开讲座。

黄老师用流利的粤语为大家介绍粤语相声文化

讲座伊始，84岁高龄的黄老师笑容满面地为大家介绍了粤语相声文化。他虽满头银发，却满面红光，显得精神抖擞，他声若洪钟，字字铿锵有力，让大家领略到粤语文化的底蕴。粤语，俗称广东话，是正式被联合国定义为语言，并且认定为日常生活中主要运用的五种语言之一，仅次于中国的官方语言普通话，可见其重要性。

接着，黄俊英老师与他“最小”的徒弟潘文博小朋友比拼“一”字成语接龙，小徒弟思维敏捷，风趣幽默，出招极快，而作为师父，不用多说，用洪亮的声音见招拆招，中气十足。表演尽显两人的智慧与语言功底，让人捧腹大笑。

然后，黄俊英老师再与“最老”的徒弟何宝文老师表演相声《说“一”不“二”》，两人对话中只能说“一”，不能说“二”，如说出“二”者，就要表演节目，两人嘴上功夫了得，表演精彩生动，场内笑声不断！

最后是黄俊英老师与同学们的互动环节，同学们非常踊跃，提出各种问题，为了满足大家的好奇心，黄老师都耐心地一一解答。在这个过程中，黄老师还分享了自己的人生经历：这位家喻户晓的粤语相声泰斗级人物，自幼喜欢广东戏曲，16 岁开始从艺，曾师从著名粤剧表演艺术家罗品超，具有深厚的曲艺功底。1958 年黄俊英老师赴京参加第一届全国曲艺会演，接触到北方人特别喜欢的相声。相声这一曲艺品种的幽默、灵活多样的形式深深地吸引了他，他下决心把这株北方的艺术奇葩移植到南粤大地。他对北方的相声本子进行了深入的研究，由于普通话和广州方言的音调、发音等都不一样，他和其他曲艺演员合作，对这些曲目进行必要的修改，再用广州话进行演出。他还根据广东地方特色和生活实际，创作出一大批符合广东人口味的相声作品。

黄老师与我校六年级全体师生大合照

多年来，在黄俊英和他的同伴不懈努力下，粤语相声在南粤大地深入人心，成为一门新兴的艺术门类。他的演出，无不令人捧腹大笑，也使人在笑声中受到教益。黄老师深受观众喜爱，成为家喻户晓的“笑星”。

江校长为黄老师介绍非遗作品

活动后，黄俊英老师还参观了我校的非遗作品展览，对附小孩子的创造力和附小师生传承中华优秀传统文化的热情赞叹不已！

相信这次活动能激发同学们对粤语语言艺术文化的热爱和追求，让粤语相声与语言艺术得到传承发展。

多彩金秋约广彩

李红梅

金秋是个收获的季节，金秋是个多彩的季节，在这个美丽的季节里，我们与广彩相约。2020 年 10 月 21 日下午，华南师大附小有幸邀请到国家级非物质文化遗产——广彩瓷烧制技艺省级代表性传承人、国家高级技师何丽芬老师来给五年级全体师生作讲座。

何丽芬大师与学生面对面讲课现场

在级长邓冠虹老师的介绍下，周身散发着知性美的何老师款款走上讲台，带领我们走进广彩艺术的殿堂。

何老师首先向学生们抛出一个问题：什么是“广彩”？引起学生们的兴趣，然后，娓娓道来。广彩就是广州地区釉上彩瓷的艺术，始于明代的广州三彩，到清代发展为五彩，于乾隆年间形成独特的艺术风格，距今已有 300 多年历史。

接着，何老师向学生们介绍了她自己：她师从广彩四代传人司徒洪，至今从事广彩设计、制作将近 30 载。个人擅长绘画人物、花鸟、山水，其作品构图合理、笔法细腻、装饰性强，在风格上自成一派。历年作品在国际及全国、省、市大奖赛中屡获金、银、铜、优秀设计、优秀创意等 80 多个奖项，部分作品更是被博物馆及海内外收藏家收藏。三十年如一日的广彩创作生涯，她对广彩早已超越了兴趣的范畴，达到一种对传统广彩文化的执着追求与视之为终身事业的热爱。

然后，何老师讲了广彩的始祖，广彩发展的不同阶段与特征，广彩瓷器的制作，广彩瓷器的工艺特色及其与五彩、粉彩的区别，广彩织金彩瓷厂的创立与技艺传承。

学生们听得津津有味，专心致志，还认真做了笔记。

何老师展示薄胎广彩瓷瓶

最后，何老师现场展示了一件薄胎的广彩瓷瓶，全场关灯后，晶莹剔透的瓷瓶熠熠闪光，全场爆发出惊呼声，学生们被这精美的艺术品震撼了。

会后，何老师又和老师们进行交流，耐心细致地解答了大家的疑问。

快乐的时光总是过得很快，今天在何老师的带领下，我们认识了广彩，相信同学们都在心中种下了一颗小小的艺术的种子，希望这颗种子能发芽、开花、结果！

非遗进校园，戏服有乾坤

沈川莉

2020年11月4日星期三，“华南师范大学附属小学传承传统民间艺术大学堂——大师与你面对面”系列活动之“戏服有乾坤”在阶梯教室隆重举行。本次活动由德育室黄健聪主任主持，二年级全体师生参与，特邀广州戏服制作技艺省级代表性传承人董惠兰老师主讲。

传承人董惠兰老师讲解戏服的制作工艺

董老师先以提问的方式导入，激发孩子们对戏服的兴趣，接着介绍戏服的起源、发展与相关知识。董老师说，在她年幼时就见到很多老师傅做戏服。中国四大名绣之一的粤绣发源于状元坊，在2009年纳入第三批广东省非物质文化遗产名录，21世纪初广州街头出现了很多粤绣店铺。董老师勉励同学们要认真学习非物质文化遗产的相关知识和技艺，将它一直传承下去。

接下来董老师对比了粤剧演员的服装与历史人物的服装的不同之处，解释其原因在于如果真实还原历史人物的服装就不一定符合舞台审美。董老师又列举了女武旦和男武旦、女大靠和男大靠的服装，女大汉装和男大汉装，指出女装是由一片片凤绣成，男装是由一片片龙绣成，契合了“龙凤呈祥”的寓意。到了近代，粤绣将欧洲绘画与传统绘画相结合、传统技艺与西洋技艺相结合，清朝中叶，粤剧和粤曲的繁荣带动了广州戏服的繁荣，彼时的粤绣工艺精湛，颇具岭南特色，深受艺人和观众喜爱。粤绣不仅用来做戏服，还应用到制作配饰中。经过裁剪、车缝等步骤，才能最终做出漂亮的戏服。

为了加强同学们对戏服的感性认识，董老师邀请同学上台穿上戏服，同学们踊跃举手，积极参与，争相体验。精致华美的戏服引来同学们阵阵赞叹，深受同学们喜爱。董老师还邀请同学上台与她一起穿针引线，借助投影，师生合作缝制精美戏服的场景得到直观呈现，深深地吸引了同学们的注意。

活动在二年级师生热烈的掌声中圆满结束。“华南师大附小传承传统民间艺术大学堂——大师与你面对面”系列活动之“戏服有乾坤”活动拓宽了同学们的视野，加深了同学们对广州戏服的了解，厚植了非遗文化传承的基础，推动非遗文化进校园、入人心。

传承人董惠兰老师示范在戏服上绣花

非遗传承满校园，艺术陪伴我成长

——华南师范大学附属小学2020年艺术节开幕式

殷虹梅

聆听11月的讯息，秋风吹拂大地；走进11月的校园，我们充满活力！校园艺术是知识的升华，校园生活是多彩音乐的合奏。校园艺术节是师生展示各自文艺风采、凸显个性魅力的最佳舞台。初冬已送来诗意的号角，蓝天已绘出绝美的画卷。11月6日，“非遗传承满校园，艺术陪伴我成长”——华南师范大学附属小学2020年艺术节开幕式正式拉开帷幕。

升旗仪式

在庄严的升旗仪式结束后，张锦庭校长为艺术节致开幕词。首先，张校长向我们阐明了美好教育和艺术的必然联系，以及党和国家对美育的重视：我们倡导的美好教育，不仅仅是熏陶，更是一种传道，所有美好的事物都是人们需要追求的；接着，张校长介绍了近三年来我校在美育方面取得的骄人成绩；最后，张校长对全校师生提出了要求：1. 希望同学们在本学期学会两种以上乐器，并且能够自如地演奏一至两首美妙的乐曲；2. 积极参加学校组织的丰富多彩的艺术活动，要将传承中华优秀传统文化和弘扬艺术文化有机地结合起来，以非遗技艺体验作为我们了解传统文化的形式，传承中华优秀传统文化艺术，汲取中国智慧、弘扬中国精神、传播中国价值；3. 做一名传承优秀传统文化的传承者，把我国优秀传统文化艺术发扬光大。

开幕式上，学校艺术团的队员们表演了弦乐合奏《步步高》及舞蹈《月圆》。

艺术节的大幕已经拉开，接下来的精彩将由我们共同呈现，在接下来的一个多月时间里，我们的校园将飘荡着快乐的歌声，散发出艺术的芬芳，洋溢着蓬勃的朝气。期待本次艺术节有一大批艺术新星升起！

弦乐合奏《步步高》

舞蹈《月圆》

校长们和艺术团指导老师、演员合影

一生衣食素馨花

古俊发

2020年11月11日下午，“华南师大附小传承传统民间艺术大学堂——大师与你面对面”系列活动之“素馨花传说”在阶梯教室隆重举行。本次活动由张硕司老师主持，三年级全体师生参与，特邀素馨花文化非遗传承人龙智敏老师主讲。

龙老师先以汉高祖刘邦派遣大夫陆贾到广州劝降的故事导入，激发同学们对素馨花的兴趣，接着介绍素馨花的起源、发展与相关知识。素馨花原产波斯，根据《南方草木状》的记载，素馨花在晋代就从波斯登陆广州，并由“胡人”在广州移植成功。到了宋代，在广州开始形成素馨花的规模化种植，其中，以广州庄头的花业最为重要，是岭南地区产生较早、流传较广、影响较深的文学素材，成为各种文学、书画样式的创作源泉，在传说故事、诗词、岭南诗画等领域都有生动体现。

接着，龙老师还为同学们讲述素馨姑娘的故事，同学们听得乐此不疲，对素馨花的起源、发展有了更进一步的了解。

为了加强同学们对素馨花的认识，龙老师还通过郑域的诗《素馨》，介绍素馨花色、香的自然纯真之美，增强了学生对素馨花的喜爱和赞美之情。不仅如此，龙老师更是强调了素馨花在岭南地区的重要地位，一句“一生衣食素馨花”不仅让同学们深刻认识到素馨花在人们心目中的地位，更让学生认识到爱护素馨花的责任。

最后，龙老师向同学们介绍了素馨花的种植和应用，再一次鼓励同学们保护和种植素馨花，以种植和传播为己任，将其一直传承下去。

活动在三年级师生热烈的掌声中圆满结束。“华南师大附小传承传统民间艺术大学堂——大师与你面对面”系列活动之“素馨花传说”活动拓宽了同学们的视野，夯实了非遗文化传承基础，推动了非遗文化进校园。

泠泠七弦音

陈 容

琴位列我国传统文化四艺“琴棋书画”之首，有3000多年的悠久历史。自古以来，古琴便以多重美的高雅品质，令人修身养性、增长智慧，引人向往追求。2019年11月18日下午，华南师范大学附属小学“传承传统民间艺术大学堂——大师与你面对面”系列活动之“七弦之美”活动，特邀中国炎黄派古琴非遗传承人刘君老师到校展示。活动由年级长黎艺舟老师主持，一年级全体师生参与。

刘老师先介绍了古琴的历史和形制。古琴是乐器之鼻祖，是华夏古文化的代表。古琴长三尺六寸五分，代表着一年365天；最早是五根弦，象征着金、木、水、火、土；后来文王和武王又增加了两弦，代表文武之道，因称为“文武七弦琴”。随后，刘老师给孩子们观看了“大圣遗音”琴，其传奇的故事让孩子们发出阵阵惊叹声。

接着，刘老师又给我们演示了古琴的演奏技巧。古琴有三种音色：泛音、散音、按音。泛音幽雅、飘逸、空灵；散音深远、雄浑、厚重；按音细腻、柔润而略带忧伤，极似人的吟唱。伴随着刘老师的弹唱，我们领略了古琴那泠泠天籁音。

刘老师还现场指导孩子们弹奏古琴的右手指法——抹挑勾剔打摘。食指向内弹为抹，食指向外弹为挑，中指向内弹为勾，中指向外弹为剔，无名指向内弹为打，无名指向外弹为摘。孩子们兴趣盎然，个个跃跃欲试，争相上台尝试，现场充盈着学习的热情。

最后，刘老师抚琴而歌，一首《关山月》音韵和平刚健，曲风古朴大气，孩子们不由自主地鼓掌。

伴随着泠泠七弦音，本次活动圆满结束。“华南师大附小传承传统民间艺术大学堂——大师与你面对面”系列活动之“七弦之美”，让同学们领略到古琴的音韵之美，推动了校园美育教育，增进了非遗文化传承基础，弘扬了民族传统文化。

馆校合一，藏纳经典筑华台

——记广东省首家校园非遗博物馆开馆

周晓桐

传承是中华民族的固本工程。习近平总书记明确指出：“让收藏在博物馆里的文物、陈列在广阔大地上的遗产、书写在古籍里的文字都活起来，丰富全社会历史文化滋养。”

华南师大附小继创设“一班一特色，一班一非遗”之后，2020 年 12 月 27 日，建起非遗博物馆，藏纳经典，实现馆校合一。

领导专家参观非遗博物馆

湖光潋滟红叶缤纷，冬日暖阳兰草当庭。

走进附小，就浸润在中华优秀传统文化之中。这不，时时可见、处处可感的学校非遗体验活动，颐养着孩子们的精神，陶冶着孩子们的性情。

登上腾飞楼三楼，人们沉浸在非遗博物馆的珍贵馆藏中，在包罗万象的文物展陈中品味独具岭南特色的粤剧、潮剧、英歌舞；欣赏源自大江南北的京剧、昆曲、川剧变脸和醒狮舞龙；领略全民族共享的文化珍宝：古琴艺术、周易文化和二十四节气……在耳濡目染中，在体验活动中，一点点了解、一点点感悟泱泱华夏，赫赫文明。

观摩刺绣大师展示刺绣工艺

正如书画名家吴晓懿教授所书：“华师附小，百年名校。北望五山，南抱珠水。非遗建馆，翰圃播种。修筑华台，藏纳经典。玩赏相宜，馆校合一。书画琴瑟，汉服漆器。珠算剪纸，太极围棋。风筝面谱，皮影口技。醒狮舞龙，粤剧曲艺。驻足岭南，胸怀神州。师生校友，纷沓而至。虚实相生，动静结合。习可明礼，学而闻道。如松斯盛，若菊荣曜。薪火相传，化育万代。”

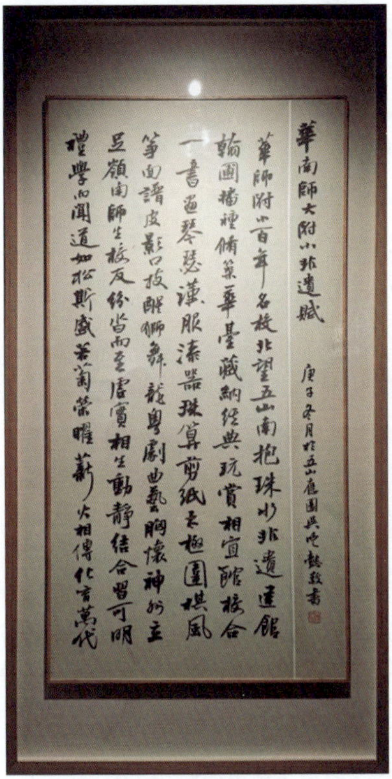

吴晓懿教授墨宝

在非遗博物馆正式向全校师生开放的重要日子里，在师大领导和专家教授的鼎力支持和帮助下，华南师大附小非遗博物馆当天请来了国宝级文物——陈侯午敦。这一举措有着非凡的意义。

在中国文化中，礼器是文明的见证，是文化的载体，典雅庄重的礼器一般被赋予“显赫”“尊贵”“盛大”的意义。礼器是我国青铜文化的代表，是历代旌功记绩、镌刻盛况的国之重器。

陈侯午敦是战国时期齐国陈侯午父子两代所铸造的礼器。其中，十年陈侯午敦藏于华南师范大学七十余载。今天，十年陈侯午敦展陈于附小非遗博物馆，与师生和嘉宾朋友见面，以实物的方式展示中华民族的恭谨孝和之道，寓意华南师大附小秉承华南师大的文脉，为传承中华文化，为化育万代，贡献华师人的绵薄力量。

陈侯午敦

领导观看陈侯午敦简介

附录：陈侯午敦小档案

陈侯午敦是战国晚期齐桓公时的祭器，共有两件，分别是十年陈侯午敦、十四年陈侯午敦。20世纪50年代，受华南师范学院所托，由金石名家容庚先生购藏十年陈侯午敦等一批青铜器，现藏于华南师范大学历史文化学院文博室。

十年陈侯午敦，形制与十四年陈侯午敦（中国国家博物馆藏）相同，《殷商金文集成》《商周金文录遗》《商周青铜器铭文选》均有著录。

陈侯午敦铭文是研究战国田齐历史的重要实物资料。十年陈侯午敦铭文共八行38字，大意是：公元前365年，陈侯午群集诸侯于齐，诸侯向陈侯午进献青铜器，陈侯午将其做成敦，用于祭祀，以保佑齐国。

非遗传承满校园，艺术陪伴我成长

——记华南师范大学附属小学2020年艺术节闭幕式暨2021年元旦庆祝活动

周 婷

主持人牛嘉鑫老师、殷虹梅老师

11月，异木棉的花香，香透整座华师校园；11月，艺术节的芬芳，浸润附小每处角落。当木棉花的花瓣铺满了整个校园，艺术节也将迎来最美的闭幕。2020年12月30日上午10点，华南师大附小在华南师范大学手球馆举行“非遗传承满校园 艺术陪伴我成长”2020年艺术节闭幕式暨2021年元旦庆祝活动。在做好防疫安全工作的基础上，各级领导嘉宾、全校师生以及家长代表共同参与盛会。

首先是领导致辞。华南师大附小张锦庭校长表示，学校一向重视艺术教育，以立德树人为根本任务，培育深厚的民族情感，增强文化

华南师大附小校长张锦庭致辞

华南师范大学党委常委、副书记黄兆团致辞

时任广东省人民政府教育督导室主任督学李璧亮致辞

自觉和文化自信。学校建立了广东省第一个校园内的非遗博物馆，藏纳经典，实现馆校合一，是为了让传统文化活起来，让非遗走进校园，植入师生心中。

华南师范大学党委常委、副书记黄兆团肯定了学校开创的“一班一特色，一班一非遗”课程体系，将每间课室进行传统民间艺术特色的文化布置，营造浓厚的校园文化氛围。黄书记希望华南师大附小在全省 36 所“华附联盟”学校中起到带动示范作用，为广东实现教育现代化提供坚实保障。

时任广东省人民政府教育督导室主任督学李璧亮代表广东省教育厅，对华南师大附小非遗博物馆的建成，以及在引领全省中小学校共同传承中华优秀传统文化艺术中所作出的贡献，表示认同和赞赏。

在悠扬的管弦乐中，艺术节闭幕式缓缓拉开序幕：

《罗马鼓号曲》起源于 16 世纪西方的战乐，它节奏清晰，强弱分明。从 17 世纪起，它成为礼仪活动的一部分，歌舞剧中都能看见它的身影。

《节日幻想曲》旋律悠扬，节奏明快，音乐感强，展现了人们投入到节日当中喜悦的心情和积极向上的情景。

学校艺术团管乐队演奏《罗马鼓号曲》《节日幻想曲》

《落雨大》是广州方言童谣，歌曲轻快活泼，富有南国生活情调，表现了轻松活泼的雨中情趣，展现了一幅小孩子眼中的雨中街景。

学校艺术团舞蹈队表演《落雨大》

车轮飞，汽笛叫，火车向着韶山跑，越近韶山歌越响，欢乐歌声冲云霄。

学校艺术团弦乐队表演《火车向着韶山跑》

“幸福的人民遍布祖国各处。新中国成立后新疆人民过上了幸福生活。”听，殷虹梅老师和汪熙老师带领弦乐队队员用一曲《新疆之春》歌颂了对祖国的热爱。

殷虹梅老师、汪熙老师、林曈、周先德演奏《新疆之春》

钢琴，总有一种独特的魅力吸引着我们。肖邦的《幻想即兴曲》，奔放激荡的曲调，溢满绚丽斑斓的色彩，华丽而富有诗意，演绎了人生最美妙的幻想。

钢琴赛特等奖获得者、六（4）班商芷豪弹奏肖邦《幻想即兴曲》

“钱鼓舞”是广东省汉族民间舞蹈之一，又称“踏钱鼓”，是一种历史悠久、形式独特的民间歌舞。舞蹈队的小朋友们手持独具岭南特色的“钱鼓”，粉衣飘飘，载歌载舞。

学校艺术团舞蹈队“钱鼓舞”《月愿》

四（2）班舞台剧《魅力广州我的家》

经典诵读、童谣舞蹈、粤语吟唱，展示了历史悠久、独具魅力的广州。唱粤语古诗，宛转悠扬，日啖荔枝三百颗；看千章古木，百尺飞涛，好一个花城广州！

接下来是获得我校艺术节合唱比赛优胜奖的节目展示，童声嘹亮，唱出了祖国的大好河山，唱出了经典咏流传，唱出了中华少年的铿锵力量！

四（4）班合唱《国家》

六（3）班合唱《青花瓷》

六（4）班合唱《少年中国说》

二（4）班合唱《苔》

二（1）班合唱《江南》

二（5）班合唱《卢沟谣》

欣赏完各班异彩纷呈的合唱。校合唱队为我们带来三首合唱曲目，分别是《落雨大》《唱脸谱》和《读唐诗》，唱出了我校传承优秀传统文化、弘扬民族精神的心声。

学校艺术团合唱队合唱《唱脸谱》

学校艺术团合唱队表演《落雨大》

我校的艺术节是建立在非遗文化基础上的艺术节，是浸润过非遗文化气息的艺术节，让传统文化活起来，把传统文化唱出来、演出来，让人人了解，人人认同，人人热爱传统文化之美；使大家懂得欣赏传统之美，珍惜传统之美。

2014年10月15日，习近平总书记在文艺工作座谈会上指出：“中华优秀传统文化是中华民族的精神命脉，是涵养社会主义核心价值观的重要源泉，也是我们在世界文化激荡中站稳脚跟的坚实根基。”中华文化源远流长，积淀着中华民族最深层的精神追求，代表着中华民族独特的精神标识，为中华民族生生不息、发展壮大提供了丰厚滋养。此次活动，虽然道不尽中华传统文化，诉不完中华民族的精神，但它却种下了一颗种子，一颗传承中华优秀传统文化、弘扬中华民族精神的种子。

学校艺术团合唱队与全校大合唱《读唐诗》

非遗不应只是停留在纸面上的几行陌生名录，而应是鲜活地存在于人们日常生活和体验当中，每个学生都是一颗非遗传承的种子，一个孩子影响一个家庭，一个家庭影响一个社区，社区合力辐射整个社会。

传承中华优秀传统文化，感受非遗文化独特魅力，作为一所坚守“博学于文，约之以礼”校训的名校，学校始终坚持立德树人的根本任务，多措并举引导学生坚定文化自信。非遗之行，是在张锦庭校长美好教育理念引领下进行的，“施行美好教育，方能成就教育美好”。我们相信，给学生的心灵埋下真善美的种子，定会令爱国情、强国志、报国行在同学们心中生根发芽、开花结果。

民间艺术大学堂 感受拓印之魅力

韩 倩

吴晓懿老师带领同学们感受拓印的魅力

2019 年 10 月 10 日下午，我校开展“传承传统民间艺术大学堂——大师与你面对面”活动。我们有幸请来了清华大学美术学院博士后、中山大学古文字学博士、中国书法家协会翰墨薪传工程专家——吴晓懿老师给六年级学生们开展讲座。

活动在级长刘瑞清老师的主持下拉开帷幕，吴晓懿老师主要就拓印展开介绍，带大家领略拓印之风采，让我们充分感受拓印之魅力。

吴老师首先给大家介绍了传拓的概念，主要通过一些古代拓印的经典图例来让孩子们了解拓本，如甲骨文拓本、金文拓本、石刻拓本。接着老师给孩子们介绍了拓印的工具和材料，包括毛笔、拓包、棕刷、喷壶等的用法，让我们大开眼界。

接下来，就是大家最感兴趣的拓印制作过程了。先将宣纸铺在传拓物上，用喷壶均匀喷湿纸面，再用毛巾将多余水分吸出，压实纸张，印出边线。然后将保鲜膜放在传拓物上，用棕刷自下而上依次排出气泡，等待水分蒸发。之后将拓包上墨，并拍打均匀。最后用适合的拓包自上而下依次轻轻捶拓，多次捶打，使墨色均匀乌亮。这样，一次拓印就完成了。原来，拓印是这么神奇呀！

接着，吴老师还给大家播放了拓印花絮。除了中国人对拓印感兴趣，其实还有不少外国朋友也参与到拓印中来，一同感受中华传统文化的魅力。

吴老师将当堂拓印的作品送给学生

最难忘的，要数吴老师给学生们放的一个简单制作拓包的视频了。虽已是毕业班的学生，但同学们看得目不转睛，不少同学恨不得回家就立刻动手，自己尝试制作一个拓包。老师提问时，孩子们也非常积极地回答，互动气氛极好。

最后，吴老师的助手亲自示范了拓印的过程，同学们兴致高昂，对拓印充满兴趣。吴老师还将当堂拓印的作品送给了同学，同学们别提有多兴奋了！

吴老师的讲座生动有趣，把同学们带进了拓印的世界，让同学们领略到传统文化的魅力，非常有意义。感谢吴老师带来的这场精彩的讲座，让同学们受益无穷。

非遗·课堂

非遗少年说

2013级4班 刘芷君

又是一个阳光明媚的一天。小杜兴奋地跑过来握着我的手说："刘芷君,今天老师说的非遗少年说活动你考虑得怎么样啦？你想不想去参加啊？"我想：这次非遗少年说活动我很想去，但是还要背台词，万一背不熟，那岂不是很尴尬？可是这是一次挑战自我的好机会呀，去不去好呢？经过一番激烈的思想斗争之后，我最终还是决定去锻炼自己，挑战自己，提升自己。

这一次"非遗少年说"虽然有七天的准备时间，但是转眼间六天就过去了。和小杜、小秦、小傲、小萍一起排练的时候，我发现我们组其他同学背得都是轻轻松松,有如行云流水,只有我背诵起来不太流畅,有点吃力。忽然四周的花、草、树都在用嘲讽的眼神看着我，仿佛在说："你怎么背得这么不熟练，真不用功呀。"我想：不行，我不能拖大家的后腿，今天晚上我一定要将它背好！

于是做完当天的作业，我就开始背诵我的文段。时间一分一秒地过去，我的眼睛变得干涩起来，嗓子变得沙哑起来，腰也渐渐酸疼起来。但我想：我不能拖后腿，我一定要将它啃下来！所有的疲惫都被抛到九霄云外，我低下头继续背诵。

嘀嗒、嘀嗒……时间一分一秒地过去了，台词已经深深地刻在了我的脑海中。我抬头一看，呀，原来已经十一点了，我想：要赶紧睡觉，不然明天没精神了。

第二天早上，在老师的指引下，小主持人上台说："非遗少年说活动正式开始！"同学们一组接一组地走上台，每下来一组都会有一阵热烈的掌声，但我什么也没听到，低头复习着自己的文段，害怕一个不留神就忘记了，心里有只兔子快速地突突直跳，仿佛永远都不肯慢下来。

"下一组，小杜组请上台。"伴随着热烈的掌声，我们走到台上，当我想敬礼时才发现我的手有点抖，四十六双眼睛看着我，我的手更抖了。我告诉自己：深呼吸，不要紧张，就把它当作排练好了。我鼓起勇气大声说："京剧是中国的非物质文化遗产，值得我们传承……"

我仿佛不知道演讲是什么时候结束的，只知道我们刚演讲完，全班同学都在为我们鼓掌，四周的树木、小鸟、白云……周围的一切都在为我们喝彩。我想快点跑回家，大声告诉爸爸妈妈："非遗少年说活动我成功了，今天全班同学都在为我们鼓掌！"

我喜爱的非遗课

口述：2018 级 2 班 邱傲帆 记录：陈莉敏（邱傲帆妈妈）

我觉得非遗的课程很好玩，因为我喜欢做手工。我学习了古琴的起源和古琴的制作过程，还学会了自己做灯笼，竟然还制作出了鸟巢形的音乐盒。

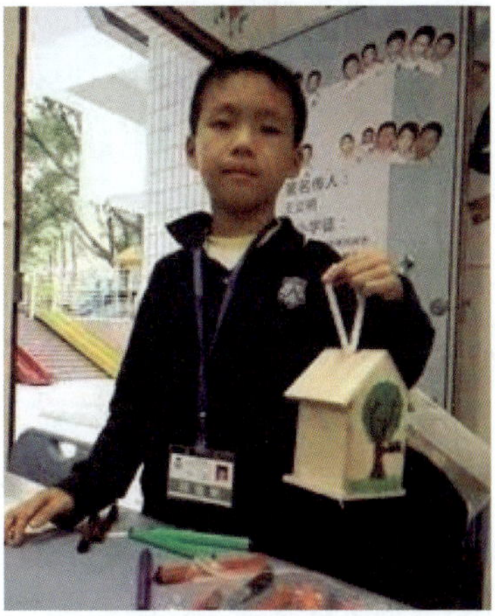

我的"非遗"作品

每次上课，老师都会一步一步地细心教我做，我学得很快。我最喜欢做音乐盒，因为它可以播放很美妙的音乐，而且可以手动播放，这样就能很环保地来播放动听的音乐，太神奇了。

做音乐盒的时候，我想到树不仅给人们提供了很多资源，而且可以给更多动物提供更好的家，在炎热的时候还可以遮阴。所以我就画上大树，小鸟就可以住在树上，我觉得很合适，很美观。

我画完大树后，觉得要加上一些装饰。于是我就画上了五颜六色的线条和色块，让它变得更加美丽。这样一来，它就能和音乐融为一体，一边听音乐，一边欣赏美丽的图画，让人赏心悦目。

有点可惜的是粘音乐盒机芯的时候总是会掉，用胶水还是粘不住，当时没想到更好的办法，我一定会再想办法的。

我很希望能继续上非常有趣的非遗课，学习更多关于非遗的文化知识和手工艺品的制作技巧，既动手又动脑，很有趣，很开心。

（指导教师：杨晓红）

古琴艺术开启我的音乐之路

2018级2班 朱 正

看了动画片《喜羊羊与灰太狼智趣羊学堂》，我认识了古琴，动画片中讲了古琴的外形、如何弹奏、古琴与古筝的区别，看过动画片后古琴给我留下了深刻的印象。没想到学校的非遗课竟然安排了一节有关古琴制作的课程。

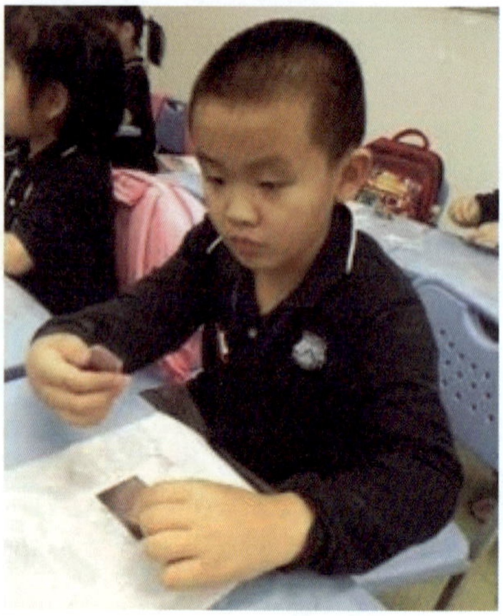

尝试古琴制作

上课的老师给我们带来了纸巾、湿布、湿的四张砂纸、小木块、一小罐油、一小袋白色的粉末、绳子等材料。老师非常耐心地教我们做，同学们也特别认真地学习。

第一步：老师让我们将湿布铺在桌子上，按序号砂纸来磨小木块。

第二步：将油倒在木块上，慢慢抹平。

第三步：把白色的粉末撒在木板上。

第四步：用纸巾擦掉粉尘，把绳子绑在木块上，制作就完成了。

老师仔细讲解了古琴的知识，让我喜欢上了音乐，也请求爸爸妈妈带我去看巧虎舞台剧《消失的音符》，认识了音符，知道了1、2、3、4、5、6、7这七个音符缺一不可，它们就像可亲可爱的兄弟姐妹，少了哪一个都无法弹奏出动听的音乐。回去之后我也准备开启自己的学琴之路，很快我就可以弹奏出美妙的音乐了，希望到时候能展示给大家听。

其实我们班就像这些音符一样，只有大家齐心协力才能奏出美丽动听的音乐。所以生活在这个大家庭中的我们也应该互帮互助，团结友爱，共同进步！

（指导教师：杨晓红）

我的刺绣情缘

口述：2017 级 1 班 郭欣悦 记录：都二霞

我用学到的刺绣技能缝补抱枕

最近断断续续看了一部连续剧——《延禧攻略》，里面演的是很多秀女的故事。她们绣各种各样的花、动物和风景，技术精湛，让人叹为观止，我真是又羡慕又好奇。幸运的是，我们班真的要学中国传统的刺绣啦！

小时候，奶奶在床头做针线，一边做一边骄傲地讲着她年轻的时候针线全村出名，给村里人绣了很多鞋垫，尤其是结婚的新人。从那时起，我就想着有一天我也要做针线。如今奶奶眼睛已经花了，经常让我帮忙穿针。所以一上课，看到那些银针和五颜六色的线，我就心花怒放，手也痒痒的，只想快点能有一天像奶奶一样穿针引线，让银针在我的手中跳舞，跳出五彩斑斓的图画。现在我的抱枕早就开了一个大洞，它是我最好的伙伴，每天伴我入睡，妈妈也不会缝，今天我迫不及待地想用自己学会的刺绣一展身手。

我先是将白色的线穿过针孔，然后折叠打个结，一手将要缝的双层布对叠捏紧，一手拿起针轻轻地扎住布，针穿过一半的时候，手停下来换到针尖的方向把线拉出来，再接着缝，不一会就缝到头了，从头到尾非常顺利，只是不能像奶奶一样戴个顶针，缝的针脚也是歪歪扭扭的，不算美观。可是妈妈夸奖我说，这是自己缝的，而且是一气呵成，非常棒！我听到后开心地笑了，刺绣是非遗文化中我最喜欢的了，在那以后，我还绣了一个小狗滚绣球，妈妈还特意为我的作品配了一首诗呢！《幼犬戏蝶》：彩蝶飞飞到眼前，幼犬嬉戏目光旋；一派天真谁缝出？唯有稚童百无忧。

我把它作为生日礼物送给了妈妈，真开心！可以送自己亲手做的礼物给妈妈喽！

如切如磋，如琢如磨

——“中国灯彩”毛笔字装裱花絮

2014级1班 杜 莹

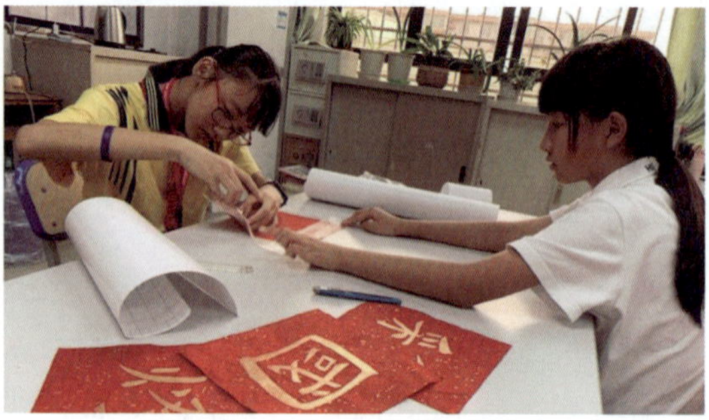

用包书皮为“中国灯彩”四个字装裱

由于我们班的展板需要一个版头，冯盛睿同学用毛笔在红色的纸上写了“中国灯彩”四个大字，美轮美奂。想到近日雨水连连，怕放在校外跑道展览时受潮，冯盛睿同学的爸爸想到了拿去过塑，但找遍华师附近的店，都说这个纸过不了塑，因为它一放进过塑机，肯定会被烧坏。即使不被烧坏，出来的效果也会皱，写得这么精美，他们担心弄坏了没得赔……

难道就这样直接贴到背景纸上？钟老师看到我的管理手册外面有一层保护膜，便向陈可忻同学打听这是怎样做到的。陈可忻同学说是用包书皮包起来的，她家刚好有两卷这样的包书皮。

所以我们打算用包书皮的纸包一下，这样既防水又美观。

一开始，我们量的尺寸是二十厘米乘二十厘米，跟毛笔字一样的规格。后来想着弄大一点可以把边都包起来，于是裁了三十厘米乘三十厘米的方形纸。

开始包了！一开始的时候我们很小心，生怕弄皱了。先把纸裁好，小心地撕开，像包书那样用尺子一点点地往后刮。然后，再小心翼翼地把多出来的部分往后折，把重合的地方慢慢地剪掉。这样，从前面看就是一个有着一身漂亮“衣服”的完美正方形了。可包完才发现留了一个小小的正方形没包上，在后面的正中间有一个窟窿。如果雨水慢慢地渗进去，那还是会弄湿整个字的呀！如何是好？正当我们在绞尽脑汁思考该怎么解决的时候，我发现裁下来的边角料尺寸刚好，只要把它裁下来贴上去就能保护得严严实实的。一切似乎都是那么完美，我们顺利地把“中”和“国”包好了。细细欣赏，“中”和“国”好像被我们细细呵护的小宝宝，可爱极了！

中间还发生了一个感人的小插曲。四年级的奥数金牌教练范夕高老师经过五年级办公室，看到负责裁纸的陈可忻同学手忙脚乱，担心她会被裁到手，忍不住亲身示范怎样裁剪才最快速最便捷最安全。这难道不是数学提倡的“最优化”？

原来要做好每件事都是要讲方法的，每一件工艺品的打磨都需要我们的耐心与用心。

整个过程我都乐在其中，感受着手工的美，也感受着中国“非遗”的美。说句心里话，我真的很期待开放日那天，已经快要等不及了！

（指导教师：钟艳娟）

不忘初心

——绘制五（1）班主题展板的故事

2014 级 1 班　陈可忻

庆“六一”，相信每个学校都会举行一些特别的活动吧！为了让大家进一步感受非遗文化的魅力，我们学校准备开展一个叫作“5·30”的活动。它是由几个重要的环节构成的：班上关于非遗文化的黑板报、展示给全校同学欣赏的班级主题展板、每间教室的布置、全校同学和家长轮流参加的各班教室的游园活动等。

在办公室画展板

因为我和佟月清同学、刘依宁同学是班上的宣传委员，理所当然地成了“绘制主题展板”这个重要板块的主要负责人。当然，做好一件事并不会像想象中那样容易。

画展板的第一天，钟老师让我们几个和班里画画最好的小梁同学一起去办公室画展板。因为展板是硬海绵板做的 KT 板（牛皮纸覆面泡沫板），用铅笔勾勒底稿，一画上任何东西，不仅难以擦掉，还会留下一个很深的印子。展板尺寸很大，只好平铺在地上，我们只能跪在地板上照着图片小心翼翼地一点一点地画，生怕画错一个“小零件”。毕竟是第一次在这种条件下艰苦作画，平时懂的画面比例、绘画技巧，好像一点都没发挥上作用。每次都因为线条的位置不对、曲线的弧度不够或者画得不够好看要擦掉重新画。

我们三个同学在办公室画展板，自然就有很多同学到办公室站在我们旁边凑热闹。有一次，我们正在涂色，班上的池灏信同学来到办公室，看到我们在画展板，他说他也想画几笔。我们三个面面相觑，都没说话。毕竟展板展现的是整个班的水平啊，如果他画得不够好，那可怎么办？而且，就算他千保证万保证说知道展板很重要，绝对会好好画，但想想他平时的淘气样，我们几个都没底，谁知道他会不会在上面乱画呢？最后，我们实在是不忍心拒绝他的热情，只好允许他在画好的画里涂涂色。就这么个小福利，也把他高兴坏了。他跟我们一再确定了色笔之后，小心翼翼地慢慢涂，生怕一不小心涂出界，看着他认真的模样，我们几个内心还是挺感动的……

能代表整个班级绘制展板让我感到很荣幸，也让我深深地感受到了团结的力量，体会到了别人体会不了的辛苦、痛和成就感、满足感。和同学一起为班级争光的感觉真好！

这次展板的制作过程真的让我学到很多：有困难得自己勇敢克服，坚持自己的初衷，最后完成展板时的快乐、成就感——这些点点滴滴都记录着美好的回忆！

（指导教师：钟艳娟）

《广东凉茶》封面设计背后的故事

2013级4班　王楚菡

今年的“六一”，华南师大附小要举办“非遗活动进校园”开放日活动。我们五年级（4）班在校园开放日中要推广广东凉茶文化。接到这个任务后，我们全班同学都行动起来，想为展现富有岭南特色的凉茶文化共同努力。

一部分同学承担了介绍某种凉茶制作方法与功效的写作任务，我承担了班级凉茶文化宣传册封面设计的任务。接到任务后，我没有马上动笔，而是认真思考了好几天，翻阅了《老广新游》这本我很喜欢的介绍广州风物的书，在网上查阅了很多关于广东凉茶的内容，还有凉茶铺子的装修设计，在家里和父母进行了多次探讨，终于有了比较清晰的思路。

5月23日晚上，我早早完成作业后，就准备开始封面设计这项大工程了。我拿出专业的水彩纸，小心地按照八开的规格裁开来。为了凸显岭南文化的气息，我决定封面采用竖版设计，体现历史感。我想用水彩加彩铅来画，马克笔辅助，这样既丰富又细腻，还能发挥我的绘画水平。

最关键的部分是线稿创作，我之前准备了几个小样，经过比对和征求美术老师的意见后，我确定了以传统中药铺来表现广东凉茶的最终方案。首先是主题词“广东凉茶”四个字的字形设计与布局，这是整个封面的核心，必须突出。因此，我用了类似木质横匾的设计，而且把“广东凉茶”这四个字做了一些处理。当线稿完成的时候，我感觉还不错，这就给了我很大的信心。接下来是人和物的组合，我设计了一个民国时代年轻中药师的形象，他留着短发，身着中式长袍和黑布鞋，手上提着一杆称药材的小秤。这个灵感可能来自寒假时我看的那部电视连续剧《老中医》，这部电视剧使我对悬壶济世的中医有了一点点的了解。对了，这里还有个小插曲，我本想给药师画个长辫子，问了爸爸后便知道在1911年辛亥革命后，男性都要剪掉长辫，所以我就画了一个短发的药师。当然，细心的人一定会看出，这年轻药师的面容也有一些现代动漫人物的既视感。这样处理，也正好体现了广东凉茶文化的时空穿越、长盛不衰。

为了让画面有现场感，我设计了一组中药房的药匣子。层层叠叠、密密麻麻的药匣子也是我每次去中药房的目光焦点，我总好奇里面的各种药材。为了画好中药柜的立体感，我仔细地一遍遍上色，用彩铅小心描绘，有明暗变化，有透视原理。当我终于完成的时候，爸爸凑过来一看，惊叹道，你画的柜子看起来比我们家的柜子还有光泽！听到爸爸的夸赞，我觉得所有的劳累都烟消云散了。接着，我又加上了虎脚腿中式桌、冒着热气的大铜壶、装着药材的大麻袋、盛着新鲜草药的簸箕，还有一只可爱的鸡尾鹦鹉。最后，我给整个画面加了一个浅棕色的边框，运用了做旧的手法，使整个封面有些历史感。我觉得这样的凉茶铺子应该是有生机的，它不仅有浓郁的中草药味道，也有小鹦鹉热闹伶俐的鸣叫，这样，真实的人间烟火气息就出来了。

经过四天的创作，我终于完成了《广东凉茶》的封面设计。经过漫长的历史积淀，凉茶已成为广东人生活中不可缺少的一部分。我希望广东凉茶文化能够一代又一代传承下去。

（指导教师：陈 容）

用恒心与毅力战胜困难

——版头“中国灯彩”诞生记

2014 级 1 班 冯盛睿

“传承中华优秀传统文化，学做心怀感恩的好少年”传承非遗文化体验之“小手牵大手”家长开放日活动将在 5 月 30 日开展，各班同学都在积极进行各方面的准备工作。

我负责的是用毛笔写“中国灯彩”这四个大字。一得知这个任务，我马上开始认真练习这四个字。很快就用宣纸写好带回学校交给班主任。谁知班主任说不能写在宣纸上，要直接写在 KT 展板上。

第二天，我带上毛笔和墨水利用课间时间去办公室准备写这四个字。

由于 KT 展板长 2.4 米、宽 1.2 米，办公室没有这么大的桌子安放它，我们只能把它放在地板上。班主任说我要趴在地上写。我试练了几次，发现实在是太难了，怎么也写不出想要的效果。最后我们只能用新的方案——写出来再贴在展板上。为了美观，这次不用宣纸，用金墨水写在红纸上，而且要写繁体字。我在展板上丈量着尺寸，初步定出每个字的大小。

晚上我约了书法老师，开始第三轮的“中国灯彩”书写行动。我原以为“灯”字最难（因为“灯”繁体为“燈”），所以大部分时间都在集中精力练“灯”字。可写的时候我才发现“中”字总是写不好，要么偏了，要么竖画太长，要么“口”偏上。于是我加紧练习“中”字，足足练习了近半小时。

因为展板太大，我只能趴在地上写

皇天不负有心人。终于，我把“中”字练像样了！我又写了几个“国”字和“彩”字拿给老师看，谁知道老师竟然说不行！我问老师到底哪里不行。老师说“国”字过关了，“彩”的那三撇有的低有的高，有的偏左有的偏右。经过老师的点拨，我马不停蹄地进行改良，终于在晚上九点多钟的时候，“彩”字才勉勉强强练好了。

这时，新的问题来了！当我看见熨干的“中”字时（金墨水是用金粉加上水调出来的，因为有水，所以写完要用熨斗熨干），“中”字因为水太多而出现磨损，我差点儿晕了过去，只好收拾好心情重新再写“中”。

写了坏，坏了写。就这么折腾了好几回后，“中”字这个大 Boss 终于从满血被我打得“奄奄一息”。“中”字搞定了，也顺利地把水熨干了，我压抑不住胜利的喜悦，整个人走路都要飞起来，时不时狂跳尬舞。

这个活动使我受益匪浅。它让我明白了做任何事情都会遇到困难，而困难就像一个筛子，有恒心、有毅力的人被留下了，其他人则被淘汰了。

（指导教师：钟艳娟）

走进扎染世界 体验匠人精神

——记华南师大附小一（5）班扎染体验活动

2018级5班 刘 恬

华南师范大学附属小学非遗文化体验之“大手牵小手”家长开放日活动即将于5月30日拉开帷幕，一年级（5）班的非遗体验主题是“民族扎染”项目。说起“民族扎染”艺术，您会想起什么呢？我想您一定会想起那一块块晕色丰富、变化自然、趣味无穷、鲜艳飘逸的彩色布料，想起在阳光下忙着染布的少女们……夏日，正是染布时。当我们一年级（5）班的萌娃遇到扎染大师，一个个顿时变身为小小创意家。虽然没有画笔，一根线、一块布、一些中草药也能勾勒出一片美丽的风景……

5月24日，一年级（5）班可爱的宝贝们，在班主任刘培玉老师和两位家委成员的带领下，走进全国优秀教师尹春洁教授省劳模创新工作室，聆听尹教授的讲座“传统染缬艺术的审美感受”，体验手工扎染的技艺以及匠人精神，从自然界中的花草、水果中萃色、染色，感受染缬艺术自然美的真谛，在喧嚣的尘世之中寻回纯净、美好自然的生活方式。

现在，就让我们跟随镜头，一起来体验一下扎染艺术的风采，看看通过孩子们小手制作的千变万化的作品吧！

尹教授先介绍了扎染这门古老手艺的历史。扎染是中国民间传统而独特的染色工艺，有着悠久的历史，至今云南少数民族地区还使用扎染工艺染制出来的布料做衣服呢。接着，尹教授深入浅出地讲解扎染技法，孩子们都听得聚精会神，仿佛打开了新世界的大门。

“哈哈，这个锅是用来煮汤的吗？”原来是用来从植物和药材里面萃取颜色的，苏木、玫瑰花、栀子花怎么能萃取出颜色呢？加一点点明矾，再加一点点盐，煮一煮，搅拌一下，煮完以后倒出来还需要加一点点神秘的材料，漂亮的颜色就出来啦！尹教授为我们萃取了红色、黄色、蓝色三种颜色，看看一会能染出什么效果！

“扎染”，顾名思义是需要“扎”的，拿一块纯白的棉布试试看！尹

同学们体验扎染艺术的风采

教授说，不同的扎结方式会出来不一样的图案花纹。手工品总是会给人惊喜，扎染也不例外。

接下来进入创意环节，大家根据各自的创意，用皮筋、木棍、绳子把布料扎出不同的形状。

哈哈，刘老师“扎”的姿态都这么优美，一定能“扎”出漂亮的花纹！

孩子们有天马行空的创造力，每个人都是小小艺术家。在短短的时间里，大家已经掌握了扎染的基本手法。扎染手法千变万化，用不同的方法扎成一个个小辫子以后，准备染啦！

“我要染黄色！”“我要染红色！”“我要染蓝色！”“我要染一点红色还有黄色！”……

小家伙们将捆扎成型的作品放到水中浸泡至全部浸透，然后再放入植物染料中使之渗透、氧化……

要拿好自己的小绳子喔！耐心等待上色……

洗去多余的染料，打开白布的一刹那，奇迹出现了！那一块块白色的布料经过扎染变得美丽非凡、形状各异、丰富多彩。

不到最后一步，你永远不知道布料会被染成什么样子，这就是自然和变化带给我们的惊喜，也是扎染的魅力所在。

听说5月30日那天，扎染大师尹春洁教授还会亲自到一年级（5）班课室，现场为大家展示如何萃取植物染料，手把手教大家扎染的手法呢！小朋友们是不是也特别想亲手体验扎染艺术？5月30日，一年级（5）班课室，不见不散哦！

（指导教师：刘培玉）

成功在于付出

2014 级 5 班 吴俊好

古人说，“宝剑锋从磨砺出，梅花香自苦寒来。”是的，只要肯努力，最后一定会有收获。

不久就是一年一度的“六一”儿童节了，今年学校给我们准备了一个特别的庆祝活动：传承非遗文化体验活动。听石老师说，每个班都要根据本班的特色布置课室，准备互动游戏。这不，石老师就给我们每个同学布置了一个任务：自己设计一张关于龙舞文化的海报。啊？自己设计海报？龙舞文化？想起平时在书上看到的那栩栩如生的龙，可形象了。可是这回要我自己画，咋画呀？但是一想到这是为了班级的环境布置而准备的，我只好硬着头皮上了！

我设计的龙舞文化海报

那天晚上，我早早地完成作业，就开始了我的“设计”大作。龙嘛，不就是有着蛇的身体的动物吗？容易！刷刷刷，我拿起铅笔就在纸上画出它那长长的身体，再给它画个龙头。搞定！认真一看，what？这到底是什么？蛇？而且还是有四只脚的蛇！呜呜呜，看起来简单，真要动起笔来，还真不容易啊！我懊恼地把纸揉成一团。

龙啊龙，到底要怎么画啊？正当我苦恼的时候，妹妹拿着妈妈的手机装模作样地给爸爸打电话。咦？有了！百度啊！我赶紧拿出平板电脑，输入主题“龙”，哇！好多图片啊！我慢慢地一张一张地挑选着，终于找到一张合适的图片，就开始“作画”了。这次，我先从最复杂的部分——龙头开始。龙头的轮廓，犄角，虬须……这是啥？龙舌头？唉！我怎么这么笨，把舌头都画成圆的呢，都快成了龙珍珠了。不行，擦掉重来！舌头应该是长圆形的，我把它画长一些。还是不行，这回还是太圆了，擦掉！一次又一次，不是画得太长了就是画得太扁，要么就是和整个龙头的比例不符，成了大舌头龙啦！终于，在我差点想把这张布满铅笔印痕的画纸扔掉的时候，我把这个“龙舌头”画好了。当然，画出龙身体的过程也不会一帆风顺，各种搞笑版的龙跃然纸上。所以，我只得一遍又一遍地擦掉，一遍又一遍地重画。哼，画个龙怎么就这么难！当然，在这个重复的过程中，我也慢慢地领悟到：要画好一条龙，要注意细致的地方，要注意各部分的比例……这，其实也是把事情做好的种种要素，不是吗？

最后，经过我的不懈努力，这幅海报终于完成了，还得到了石老师的大力表扬。知易行难，很多事情，看起来挺简单的，但是要真正地把它做好，仍然需要不断地付出努力，不断地克服困难，才能得到我们想要的结果。

（指导教师：石丽媛）

“非遗”背后，是美好的期待

2018 级 2 班 廖知乐

为钢铁侠制作的脸谱

我为钢铁侠制作的脸谱

我一直很喜欢非遗的课程。这一次的任务是要做“脸谱”。因为我最近看过一部时间好长的电影，里面的钢铁侠和许多英雄为了人类命运努力战斗的场面不仅精彩，也让我感动。我看到钢铁侠的面具被打碎了，但是他仍然在坚持战斗。我本来想做一个新面具给他，但是爸爸说：“少先队员的使命是在美好教育理念下成长为热爱祖国、头脑清醒、头脑灵活、能说会写、快乐生活的人，这样的人长大了就会成为中国钢铁侠。你要做这样一个创意脸谱才行。”

这是一个很难完成的任务。

但是，难不倒我。我按照非遗学习的要求，准备好材料，做好草稿，按照标准的流程动手制作。

这就是我为钢铁侠制作的脸谱，希望他能喜欢，我也要对坚强勇敢的他说：“爱你三千遍！”

我是廖知乐，满满正能量，如果你需要帮助，找我爸——不，找我吧！

别问我蝉在哪里，你听——

我问爸爸：“为什么灭霸这么厉害，他却要毁掉神奇的手套，去一个神秘的星球做一个农民？”

爸爸笑笑说：“这只是一个故事。而这个故事是许多智慧的大脑一直在思考的。”

我表示听不懂。爸爸说，不着急，先完成干花作业再说。

好吧，我把所有材料摆在桌子上。爸爸就让我观察颜色、感受手感、摆放造型，还给我看了日本园艺“枯山水”艺术作品，又说了一通我听不懂的道理。但是我觉得可以考虑采用他的建议：“用创意来展现干花的新生命。”

我画了三座山，画了一个池塘。有山有水，风景优美。用一些干花点缀在景观里，表现出一种大自然的状态。池塘里冒出来的植物就像外太空的植物一样。不过，我觉得还需要增添一只小精灵才更完美。妈妈帮我挑了许多诗，我最喜欢这首《蝉》。妈妈也喜欢这首诗，她说这首诗也寄托了她对我的期望：像蝉一样居高致远，不是依靠外部的力量，而是因为自己德行高洁。她还说，三国时期曹植的《蝉赋》也说到蝉“实澹泊而寡欲兮，独怡乐而长吟。声皦皦而弥厉兮，似贞士之介心。”意思是蝉淡泊恬静，与世无争，自由喜乐，自在鸣叫，叫声一声比一声更响亮，就好像品德高尚之人的正直之心。虽然我还不太懂，不过我觉得很美！看，我把蝉引入我的作品里，不要问我蝉在哪里，请你闭上眼睛，用心听……

这就是我的禅（蝉）境！灭霸，你放马过来，我把你收了！

（指导教师：杨晓红）

用创意展现干花的新生命

绣出传统文化，“秀出”你我精彩

——记华南师大附小三（3）班传承非遗文化活动的准备

2016级3班 许恩澄

制作“传统刺绣”主题黑板报

说起学校开展的非遗文化活动，我们三（3）班的主题是“传统刺绣”。刺绣是女孩子比较擅长的，也是我喜欢的。这不仅因为刺绣能够锻炼人的耐心和毅力，而且一大堆花花绿绿的丝线能够在一根绣花针的穿梭下绣出一幅幅美丽的作品，真令人赞叹！

其实在去年学校刚开始的传承非遗文化活动中，我们班的第一次课程就是学习刺绣。我清楚地记得，由于我不小心崴了脚不能走路，所以，第一次学习刺绣的课程我没有能够去上，非常沮丧。第二周脚刚好，我就迫不及待地回学校参加了非遗文化课程，老师们也及时给我发放了刺绣的材料，告诉我很多关于刺绣的传统文化知识。通过老师的讲授，我知道了刺绣是一种在织物上用各种线料织出种种不同图案的工艺，刺绣是我国民间传统手工艺之一，已有两三千年历史。我国刺绣主要有苏绣、湘绣、蜀绣和粤绣四大门类，其中我们广东的粤绣始于唐朝，具有远看大气、近看精细，构图匀称、形象传神，纹理清晰、色泽鲜艳，针法多样、富于变化的特点。在老师们的指导下，我们顺利地完成了刺绣作品，图案是一只只可爱的小青蛙，虽然绣法很简单，但非常值得纪念。

为了“5·30”活动的成功举办，我们在班主任李丽萍老师的带领下，一起兴高采烈地为班级主题“传统刺绣”准备了各种材料：我们布置的“传统刺绣”主题教室干净整洁；同学们出的“传统刺绣”主题黑板报内容丰富；

老师们精心为我们挑选的体现刺绣传统文化的服装精致美丽；尤其是还为每一位参加“大手牵小手”传承非遗文化体验活动的家长准备了一张可爱的小卡片，让爸爸妈妈们收获了一份份惊喜。

我把传承非遗文化体验活动的邀请函偷偷放在家门口的信箱里，想要制造一份惊喜给爸爸妈妈。那天中午放学回家时，我故作惊奇地宣布：“爸爸妈妈，信箱里有一封红色封面的信！”爸爸妈妈开始还不相信，因为很久没有收到过信件了，以为我是做游戏呢。直到在我的催促下他们才认真打开信封，看了信的内容，一边看一边啧啧称赞，并表示都想参加呢！

我相信，我们班的“5·30”传承非遗文化体验活动已经准备好了！我期待，我们班在“传统刺绣”主题活动中不仅能够绣出传统文化的源远流长，而且能够“秀出”我们班的独特精彩！

（指导教师：李丽萍）

致敬非遗——景泰蓝

2016 级 1 班 曾一家

景泰蓝

非物质文化遗产是我们祖先智慧的结晶，传承和保护好非遗文化是我们中华少年应当承担的责任。近年来，我们学校推行美好教育，让非遗文化走进校园，使我们能够近距离感受到非遗文化的魅力，认识到非遗文化的精彩。我们三（1）班主要学习认识景泰蓝。

景泰蓝是一种人见人爱的铜瓶。传说在元朝初年，皇宫失火，宫中的奇珍异宝被烧成了一片灰烬，可是在废墟中出现了一件金光闪闪的宝瓶，大臣发现后，立即献给皇帝，并告诉他这个宝瓶是由上天所送。因为这种珍品是皇宫里一场大火烧出来的，所以人们都称其为“奇宝烧”，这种工艺艺术也成了宫廷艺术。到了明景泰年间，工艺水平达到顶峰，由于珐琅釉大多以孔雀蓝为主，所以人们就把这种工艺品叫作景泰蓝。

这么精美的工艺品是怎么制作出来的呢？怀着好奇的心，我们仔细观看了罗老师给我们播放的讲解视频。原来景泰蓝的制作步骤有八步。第一步是裁料，裁料是制胎的一个前期工作，就是把成块的铜板裁剪成所需部件的形状。

第二步是制胎，将裁剪好的铜板经过敲打初步制作成需要的胎型，并烧焊起来。这一步非常关键，因为胎体不平不光滑会破坏到后面的成品。

第三步是掐丝，在画好图案的纸上掐丝，再把它放到胎上。

第四步是粘丝，用焊胶涂在胎体上，再把丝粘上去，然后拿到火里烧。

第五步是点蓝，把胎体从火里拿出来，再拿出珐琅釉料涂在掐丝缝隙中。

第六步是烧蓝，把釉好色的胎体放到900摄氏度的高温里烧，使得珐琅釉料融化黏合到胎体上。

第七步是磨光，将经过烧蓝后的景泰蓝制品外表的珐琅釉料打磨光亮。

最后一步就是镀金，古代景泰蓝的制作都采用火镀金，使颜色更加鲜亮、厚重，就像披上了一件金色的彩衣！最后再经水冲净干燥处理后，一件斑斓夺目的景泰蓝就完成了。

中国古代劳动人民真聪明，能制作出景泰蓝这种既精美又高贵的工艺品！我们一定要传承保护好景泰蓝这种非遗文化，让我们中华民族的传统文化永远流传下去！

（指导教师：李红梅）

指尖的传承

2016级3班 王思语

在我们班，大家都为“5·30”活动做了不少准备。为了契合我们班的非遗活动主题——刺绣，我们班准备的服装是：女生穿粉色旗袍，男生穿白上衣，黑裤子。为了给大家营造一个好的参观环境，我们班设置了六个区，分别是：交易区、表演区、体验区、展示区、兑奖区和休闲区。表演区在中间，休闲区和兑奖区在后面，展示区、体验区和交易区比较靠前。休闲区是给大家看书，娱乐和吃东西的。兑奖区有兑奖和盖章，大家走了一圈后正好可以兑奖。交易区是可以买东西的，这样大家有想买的东西也可以买得到。体验区可以体验刺绣，让大家更进一步了解刺绣。表演区则是表演各种舞蹈的“小剧场”，大家累了和在休闲时可以顺便观看表演。展示区则可以学习如何刺绣。很不错吧，你是不是也很想来我们班参观呢？

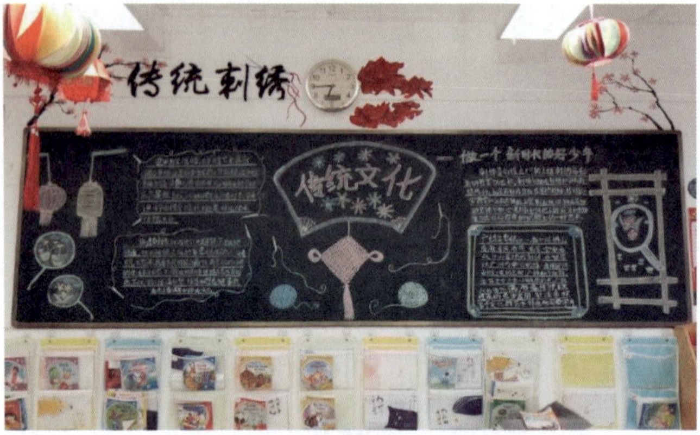

传统刺绣展示区

（指导教师：李丽萍）

围棋，361个交叉点上的斗争

2014级3班 陈禹齐

“六一”即将来临，我们学校各个班都在紧锣密鼓地准备各式各样的庆祝活动。全校31个班，每个班都代表了一项传统文化，而庆祝活动的一部分，就是围绕着各个班所代表的传统文化进行。我们班所代表的传统文化是中国围棋。

早在一个月前，我们班已经开始为这个活动进行准备：制定方案、准备资料、购买用具……就在上周五，黎老师告诉我们，围棋终于到了！她决定用一节课给我们预热一下。于是，激烈的比赛拉开了帷幕。

预热赛一共有两场。第一场比赛很平静，没有激起多少浪花，因为老师为了能让同学们都参与到游戏中，先找了两个同学来下一局五子棋。这是一场预赛的“热身”，为接下来的那场比赛做个铺垫。嘻嘻！

接着，黎老师让我们班两大围棋“高手”——孙康如和黄飞玚，来为我们演示一下真正的围棋赛，这感觉就像锋利无比的矛和无坚不摧的盾发生了碰撞，两者一碰，激起的不是浪花，而是海啸！果然不出我所料，两人一上场，班里就像原子弹爆炸了似的沸腾起来。同学们七嘴八舌地议论起来，有的说：“他俩要下几百年才下得完呐。”有的又说：“黄飞玚应该让一下孙康如。”甚至有人说：“他们两个人下棋肯定没我下得好。”嗯，估计说这句话的同学可能还不知道什么叫“谦虚”，还要再学学啊。棋盘上的竞争渐渐激烈起来，只见黄飞玚皱紧眉头，下的每一步棋就像陨石砸到了地球上，激起尘土飞扬，那气势使人见了心生畏惧。孙康如也不甘示弱，只见她从容地应对黄飞玚下的每一步棋。两个高手可真是棋逢对手了，你来我往地在棋盘上斗得很激烈，我们在场边喊得也很激烈：“下那儿，下那儿！”“下错了，下错了！”“快吃他，快吃他！”……

快乐的时光总是短暂的，伴随着下课铃声，尽管两大高手尚未分出胜负，我们也只能遗憾地结束了那场比赛。没关系，“5·30”那天，我们赛场上见！

（指导教师：黎艺舟）

我爱中国灯彩

2014 级 1 班 熊奂雨

中国有很多传统文化，有书法，有棋艺，也有灯彩。其中灯彩非常常见，因为每当有重大节日时，总会用上这一装饰品进行点缀。所以，在“5·30”开放日前，在母亲节这天，我打算与母亲共同制作一个灯笼作为特别的庆祝方式。

我们做的是粘贴型的灯笼，制作过程也很简单。首先我们要把灯笼上的洞打出来，好透光；然后我和妈妈一起在灯笼片上画自己喜欢的东西；最后给图案填充颜色，这一步至关重要，因为它让我们的灯笼更加精致、漂亮。

不久，灯笼片上出现了美丽的彩虹、人物和花朵，只要将它们贴起来，装上灯泡就完成了。

我拿着这样的灯笼，真的很开心。因为这是我们亲手做的灯笼，世界上独一无二的灯笼。

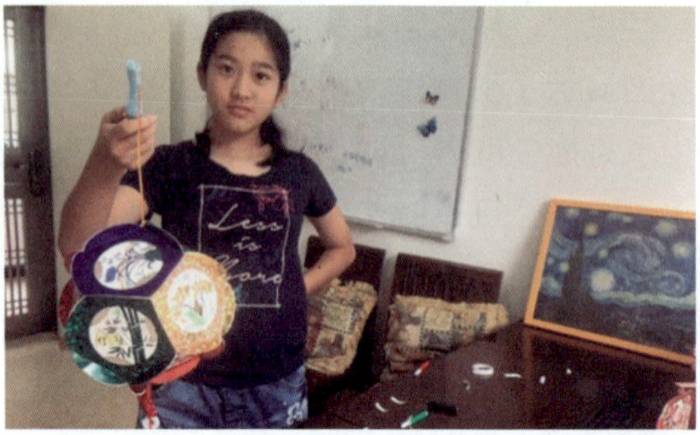

亲手制作灯笼的过程让我感受到中国传统文化的魅力

这对我来说是一次很棒的经历，因为我和妈妈在这个过程中都非常开心，为我们的作品感到自豪，也体会到了中国传统文化的魅力。一开始我只是抱着完成了就算了的心思，可是在制作过程中我慢慢地变得投入、认真。这可是以前人们照明的工具，是元宵节时挂灯谜的灯，是非物质文化遗产之一！我觉得这种传承非常的神奇，觉得我们能把这种灯彩文化传承下来真是太好了。

这样的传承感动了我。

我爱中国灯彩，我爱中华传统文化！

（指导教师：钟艳娟）

传承非遗文化开放日准备之旅

2014 级 4 班　谢沁然

“亲爱的旅客，54 号列车即将抵达华南师范大学附属小学‘非遗六一家长开放日’的目的地，在此之前，请想想您为此站的到来所做的准备。”54 号列车的广播响了起来，我眨了眨眼睛，然后闭上眼开始回忆。做凉茶手抄报和紫砂凉茶壶最先从记忆的湖泊中探出头来，于是我的“捕鱼网”一扣，它们就在我的掌心中活蹦乱跳了……

我们五年级（4）班要在家长开放日推广广东凉茶文化，因为需要制作一本宣传册，班主任陈老师就让我们每人做一张手抄报，汇总为一本宣传册，另外每人再做一个紫砂壶，摆在各自桌上作为装饰。我决定先做手抄报。要想做凉茶手抄报，得先了解凉茶的起源和故事，于是我先上网查找了关于凉茶的资料，寻找有用的素材。资料找到后，我准备用彩笔在A4纸上画个凉茶铺，背景是郁郁葱葱、生机勃勃的绿植，这样既符合要求，又令人赏心悦目，并且绿植要大片大片的，覆盖整张纸，甚至像雨林，有些梦幻，衬托出凉茶铺历史悠久、古色古香的特点。

我用超轻黏土制作的紫砂壶

我先画出了气派的凉茶铺，十分认真地用黑色笔把线条、框架勾勒出来，柱子、屋顶等，然后把彩铅全拿了出来。因为水彩笔颜色太深，彩铅更符合凉茶铺和绿植的气质。我用心搭配着颜色，反复修饰着凉茶铺的外观，再画上葫芦和茶壶，就只剩写上“凉茶铺”三个大字了。我用铅笔起稿，再用油性笔描，这三个字就显得端庄而秀丽了。绿植的灵感来自一本《儿童文学》的封面，那封面上画满了绿植，看上去普通，却似乎有股魔力，让人不自觉地被它吸引。它有些幽深，却又明朗，像一丝丝阳光照在前方，使人豁然开朗。我照着那本《儿童文学》的封面画出嫩得可以掐出水的绿植，再写上文字，手抄报总算大功告成了。

接着是第二项任务，做紫砂壶。我照例在网上找了个自认为优雅大方的紫砂壶图片作为参照物。先是用朱褐色的超轻黏土做壶身，揉个小圆球，下方用指肚摁平些，上方刮断些泥，使它看起来比较平整，然后再做个小“帽子”，“帽子”上立个可爱的小圆点儿。看茶壶有些孤独，我又捏了个茶杯。茶壶和茶杯放哪里呢？我用黑色黏土做了个小茶托，把茶壶和茶杯轻轻放在上面。这样好看极了，素净、典雅、考究，可总感觉还差了点什么，想了想，最后我捏了点白花纹粘在茶壶和茶杯上，还有一片绿色的茶叶。

我不敢说我的手抄报和茶壶漂亮别致，但因为是自己用心做的，所以它们在我眼里可爱极了！

回忆完这些，我轻轻睁开眼，发现54号列车的目的地“非遗六一家长开放日”已近在眼前。

（指导教师：陈 容）

我的非遗课故事——纸雕艺术

口述：2018级2班 陈沛杨 记录：贺芬芳（陈沛杨妈妈）

一次变形金刚的5D实景模拟电影体验的误闯，受惊吓之后获得了“战利品”大黄蜂变形金刚盔甲面具；一次学校的“4·30”非遗文化课程之纸雕面具的学习制作，于是我有了一个纸雕面具的主题。“爸爸，我要做一个变形金刚纸雕面具！”我终于战胜了恐惧心理，决定把轮廓复杂多变的变形金刚纸雕面具做出来。

从勾画轮廓、填色、构件的剪纸及粘贴，一个个方法的尝试、一次次失败之后的重做，我终于克服了种种困难，完成了变形金刚纸雕面具制作。

制作纸雕面具作品

从中我学到了很多做纸雕的方法和技巧，有了成功的经历和倍增的勇气，我在班里的干花相框主题非遗活动中又做了一个题目为《一棵挂满红苹果的苹果树》的纸雕艺术作品。满满的红苹果、青青的三叶草以及闻香而来贪吃的小鸟，一派生机勃勃、欣欣向荣的大自然景象，我把从小喜欢和向往的大自然景象用纸雕展现了出来。

再接再厉。在老师和妈妈的鼓励下，我决定将所学到的纸雕艺术知识和大家分享，录制了三种小鸟的剪纸视频，将在学校“5·30”纸雕艺术体验活动中与大家见面。

在体现非遗主题活动带来的喜悦之余，我希望在接下来的非遗文化课程中学习到更多的非遗文化知识和手工艺品制作方法，带来更多的学习和生活体验！

（指导教师：杨晓红）

快乐非遗研学之旅

口述：2018 级 2 班　梁浚昊　记录：梁浚昊妈妈

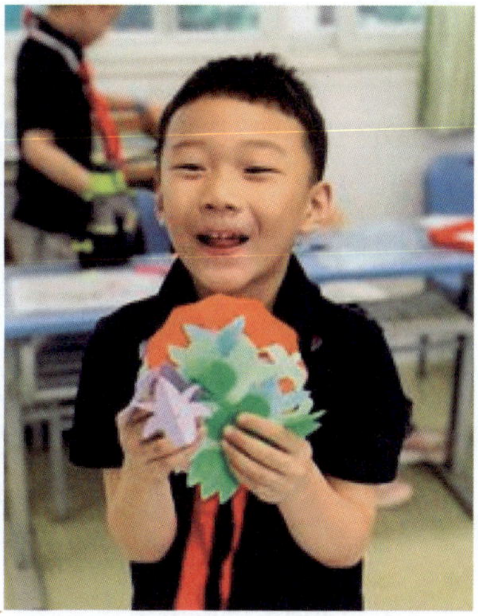
体验快乐的纸雕艺术

著名教育家陶行知说：“行是知之始，知是行之成。”5 月 30 日，我参加了学校组织的非遗研学之旅，在纸雕艺术、吟诵书法、龙舟说唱、木版年画等一系列的非遗活动体验中感悟工匠精神，知行合一，快乐学习，争做小小非遗传承人。

“5·30”活动每个班级都会承担一个非遗项目的展示和体验活动的组织，我所在的一年（2）班负责的是纸雕艺术。纸雕，又称为浮雕，起源于中国汉代。纸雕是一种以纸为素材，使用刀具塑形的工艺。纸雕艺术就是折纸艺术，它是民间传统的手工艺术之一。纸雕的制作要求艺人熟练地运用切、剪、折、卷、叠、粘等手法。在活动中，我负责为来我们班的体验者展示剪纸。很多哥哥姐姐都来向我学习，我感到非常自豪和开心。

我把班里的工作完成后，妈妈也来到了学校。我们小手拉大手一起去其他班级学习、体验。在“周易文化”展示班级里，我学习到了什么是“阴爻（--）”“阳爻（—）”；在“吟诵书法”展示班级里，我第一次用毛笔写了“福”字；在“木版年画”展示班级里，我自己动手制作了十二生肖版画；在“龙舟说唱”展示班级里，我用彩笔画了我喜爱的龙舟。

在“民族扎染”“岭南建筑”“二十四节气”“古琴艺术”等其他项目的展示班级里，我认真聆听讲解，仔细观察作品。古代传统染色工艺、建筑工艺等让我惊叹不已；最近刚看完《故宫的二十四节气》这套书，非遗活动让我更好地了解了二十四节气；我还了解到原来“古琴”和“古筝”是有区别的，和我在学的“钢琴”更是有很大的不同。总之，这次非遗研学之旅真是让我长了不少见识呀！

（指导教师：杨晓红）

开放日

——感受非遗之美

2017级2班 张予蘅

我们的太极拳表演柔中带刚，让家长们称赞不已

Oh Yeah! 终于到开放日了！为了这一天的表演，我们可是千辛万苦地排练了很久很久。

我们排练了太极拳，吟诵了《沁园春·长沙》和《沁园春·雪》。

音乐一响，我们红组的同学就走到了高年级的班，分散开来。我一共去了好几个班呢！不过让我印象最深刻的班级是“鲁班传说”这个班。

我一走进去就“哇！”地大叫起来。他们班人好多啊，真是人山人海。他们班的布置真是别具匠心！灯上挂满了栩栩如生的鲁班小人。我仔细一看，原来虽然他们各做各的动作，可把他们给连起来却是一个做木工的过程。你说奇妙不奇妙？

他们班一共有三个游戏项目。第一个项目是答题。我抽了一张纸，上面写着：“请读出下面的句子。”呵呵，这可难不倒我！我毫不迟疑，一口气读了下来。第二个项目是抽奖，我抽到了一块糖，馋得我口水直流，不过爸爸叫我先别吃，我只好忍耐。第三个项目是看着父母表演，猜是哪个人物，我全猜对了哦！

欢快的音乐声响起，我一听，立刻拉着爸爸跑向腾飞楼，在那里我们看了广绣。哇！那个阿姨绣的荔枝好漂亮啊，我好想学啊！

每个班的活动都不一样，真是琳琅满目、千姿百态，让我目不暇接。虽然每个班我都想去看看，可时间很紧，因为我还要回我们班呢！来来来，快跟我去我们班看看吧！

我们班的项目可是很特别呢！我们准备了“诗词九宫格”“现场书法”和“飞花令”。来我们班的家长和同学们都积极参加我们的活动，玩得不亦乐乎！我们还为大家准备了精彩的表演呢！我们表演的太极柔中带刚，虎虎生风；我们表演的吟诵朗朗上口，优美动听；写书法的同学挥毫泼墨，字字生动。家长和孩子们目不转睛地看着我们的表演，就连我们自己也忍不住要为自己鼓掌呢！

中国诗词优美如画，中国书法如游云惊龙，中国太极如行云流水。你们有没有被吸引呢？有没有爱上它们呢？我们班的老师和同学们可是热爱着它们呢！

快乐的时间总是飞逝如闪电，转眼间开放日就结束了，我们都意犹未尽、恋恋不舍。我想：我们以后一定要努力成为非遗文化的传承人！

（指导教师：周 婷）

难忘的家长开放日

2017 级 2 班 许靖旋

一般的家长开放日，都是请家长来学校看我们做操、听我们上课，或者是老师与家长面对面交流。而我们学校这一次的家长开放日主题内容是2019 年“小手拉大手”非遗体验活动。

我期待已久的家长开放日终于要来了。这天早上，同学们穿着太极服和表演服，笑容满面地在教室里玩耍。玩着玩着音乐就响起来了，我兴奋地跑出教室去排队。我怎么都不想拉爸爸的手，可能是因为我真的太兴奋了！

我们去看的主要是四年级的教室，那里有潮剧的脸谱、中国象棋对弈、花灯、二十四节气等好些有趣的项目，也有和我们班一样的太极拳。整个楼层人来人往，热闹非凡。我和爸爸看得有些匆忙，不过还是猜对了谜语，得到了小奖品，也盖到了好些打卡的印章，还赶到腾飞楼下尝试了一把沙画。

走着、看着、玩着，突然觉得该回班了，于是我拉着爸爸往班里走，我边走边说："快八点半了，快回班！"我回到教室里和同学们一起表演了吟诵后爸爸就走了。后来周老师让我和陈若涵去欢迎来宾。我们等了一会儿，陆续就有家长来了，我们彬彬有礼地向各位来宾弯腰鞠躬，齐声喊着"欢迎！欢迎！"来宾们都感到非常愉快。

同学们正在表演吟诵

我们班里的节目是滚动循环播出的，过了一会儿，我们表演的吟诵节目又要开始了，我们表演了一首《诗经·小雅·鹿鸣》之后，又一首接一首地吟诵古诗，来宾和同学看后，啧啧称赞，响起一阵又一阵的掌声，我心里高兴极了。刚休息了一会儿，周老师叫同学们从《鹿鸣》到《木瓜》到《长沙》再吟诵一遍，我心里想：我有点儿累，要不要坐在一边看？可是前面有很多来宾和同学，少了我队伍就不整齐，表演就不够精彩了，我要继续坚持演下去。我咬咬牙演了下去，最终获得来宾和同学的又一次赞扬。

这真是一次难忘的家长开放日活动，期待下一次学校再组织这种"非一般"的家长开放日活动。

（指导教师：周 婷）

一条染色的裤子和非遗课

口述：2018 级 2 班 宁俊智 记录：宁俊智妈妈

这个学期，学校开展了非遗课程，让我们做家长的感到十分惊喜：遥不可及的非物质文化遗产竟然要和我们的孩子产生联系了？我们的孩子也可以成为大师的弟子喽！

非遗课程开展一个月后，我和我的孩子宁俊智有过一次关于"4·30"

非遗课程的对话。20分钟对话记录如下：

在上非遗“4·30”课程之前，老师是怎么给你们介绍的？你心里有没有很期待啊？

老师给我们说，非遗就是类似画画、唱戏、做手工之类的，是看不见的东西，不过应该是很好玩的，要不然学校也不会开这门课的。当然，上这门课的老师也要上得很好才行。

（妈妈插话：非遗的全称是非物质文化遗产，和它相对应的还有一种是物质文化遗产，就像这个国庆我们去芬兰，参观了700多年前的波尔沃古城，那些红色木屋我们既能看得见，也能摸得着。）

妈妈：上过哪几节课？印象最深刻的“4·30”非遗课程是什么？

我：我们已经上过好几节课了，有扎染，还有画马、做环保袋和扇子。我最记得的是前天下午画马的那节课。那幅画画的是远古时代，有一个猎人在用弓箭射一匹马，他们两家在打仗呢。那匹马在拼命地奔跑，你看它的鼻孔，张得大大的，有气喷出来；还有它的尾巴和身上的毛，都飞起来了；它的蹄子扬起了尘土……它跑得飞快，怕被射死。我画的那条弧线表示的是地球，就像我们在飞机上看到的，地球是圆的。地上有山，有一个门，需要钥匙才能打开。还有一条弯弯曲曲的路，有装着宝藏的盒子，需要密码才能打开；有游戏机，也需要开机密码；还有一个厕所、一张地形示意图……天上还有一群海鸥。

（妈妈画外音：画面上的这些元素，都是俊智在外出旅游时积累的知识，现在都通过这幅画体现出来了。）

我们还做了一个环保袋，老师给每个人发了一个白色的环保袋，讲了中国古代的“卐”字符和金轮，让我们用这些图案在环保袋上创作。不过，我已经忘了它们是什么意思了。

（是时候让妈妈再次登场了。“卐”字符好解释，和佛教有关，不就是光明和生生不息的意思嘛。“经纶”？“经轮”？俊智看着百度上的字，连连摇头。“金轮”？对，

非遗体验之画马和制作环保袋

就是这个，俊智强大的记忆力和识字能力帮助他回忆起来了。再看看图片，确认正确，原来这个图案是佛塔上的相轮。）

妈妈：你给我详细讲讲扎染课吧。扎染你以前了解吗？你是如何选的扎染图案？

我：扎染我有点忘记了。不过老师说扎染有三种方法，我们都用的是同一种方法。

（这时，妈妈打开百度，给俊智小朋友看了一下扎染的图片，还给他看了前年春节去云南大理参观民族扎染工厂的照片，俊智的记忆恢复了。）

非遗课及“5·30”家长开放日活动

对，我们都用橡皮筋把白布紧紧地绑起来，随便你怎样捆绑都行，然后把它泡到蓝色的颜料里给它染色。女孩子绑的橡皮筋应该比我们男孩子好一点，因为她们有的会扎小辫。我们分了四个组，我那个组的女孩子也不会捆绑橡皮筋，我们一喊老师，老师就过来帮我们了。

老师说，每个人做出的扎染都不一样，因为每个人绑橡皮筋的方法不一样，染色的多少也不一样。我没有把所有的布都放到染料里面，因为我觉得一块布上面既有蓝色的也有白色的才好看。

妈妈：扎染的布料最后做成了什么东西？

我：第二周，老师把扎染的布料发给我们，每个人拿到的不一定是自己的，我们用它做了一个竹扇子，可以做装饰，也能扇风，挺好看的。

妈妈：上扎染课那天，你们好多同学的衣服都染色了，回家挨骂了吗？

我：对呀，那天下课后有点惨：所有人的手都是蓝蓝的，洗不干净，还有很多人的白衣服也被染了蓝色，我的灰色校裤上也有一大块蓝色。不过，妈妈你也没有骂我呀，我还会穿着这条裤子回学校。每次穿上这条裤子，我都能想起来那节扎染课，太好玩了。

（妈妈画外音：是啊，与俊智小朋友在非遗课中学到的知识和孩子获得的快乐相比，弄脏一条裤子又算得了什么！如果孩子从小就能在美育中成长起来，他们的内心一定是丰富的；如果中华民族的优秀传统文化能渗透到孩子的日常生活中来，我们的精神财富将得以代际传承。）

老师的话："好神奇啊！""太厉害了！"……自从非遗文化走进校园，非遗课堂上经常洋溢着孩子们这样的欢呼声和惊叹声，短短一个月的时间，孩子们学习了扎染技术，用自己亲手做的扎染布制作扇子，手绘"卐"字纹环保袋，做具有藏族文化的"腰带上的风景"。精彩纷呈的非遗课堂给孩子们带来了美的享受，非遗文化在孩子们的心中、手中真正地"活"了起来。

（指导教师：杨晓红）

"绣"出来的收获

2015 级 2 班　刘梓琪

2018 年，对于华南师大附小而言，是不平凡的一年。因为今年，学校被教育部评为"全国中小学中华优秀文化艺术传承学校"，新学期古琴艺术、纸雕艺术、京剧艺术等非遗文化课程也进入学校，开学典礼现场还举行了非遗文化传承基地揭牌仪式。学校在新学年启动"一班一非遗"项目，31 个教学班各传承推广一项非物质文化遗产，包括剪纸、刺绣、木版年画、汉服文化、岭南建筑、周易文化等。张锦庭校长表示，文化是一种创造，也是一种选择，留住传统，就是留住了历史，就是保存了祖国文化命脉。同学们是新时代的希望，肩负着传承中华传统文化的重任。希望大家珍惜并享受接下来开设的每一节非遗课程，积极参与每一次"我与大师面对面"的传承活动，期待学期末的成果展示会上有大家充满创意的作品，更希望这一系列传承活动能丰富附小的传统教育，让爱国情怀与民族自尊滋润我们的精神家园。新学期学校将以自然班为单位，开设古琴艺术、纸雕艺术、京剧文化等31个非遗课程，更有趣的是“一班一特色，一班一非遗”：每个班级都有对应的非遗名称，教室里也布置了相应的非遗元素。学校切实将中华优秀传统文化融入美育的全过程，引领全体同学传承传统民间艺术，弘扬中国精神、传播中国价值。

本月，我有幸参与并与四年（2）班的同学一起学习非遗传统项目——广绣。广绣是粤绣之一，流传至今已有一千多年的历史。广绣工艺自成一家。它针法多变，针步均匀，巧妙运用针法丝理表现物像的肌理；题材广泛，色彩丰富，注重光和影的和谐运用；讲究刺绣的针法技术，更注重绣品的艺术效果，讲求“功”为“艺”用。粤绣作为一种著名的造型艺术，与江苏的苏绣、湖南的湘绣、四川的蜀绣并称为中国的四大名绣。

今天，我们四年(2)班的同学们正在参加非遗课程的广绣课程学习呢！刺绣，对同学们来说可是个新鲜事。这不，班里的孩子们上完体育课后，早早地回到教室，围着非遗老师的材料和绣架，看看这个，瞅瞅那个，有时还好奇地东摸摸、西碰碰，觉得哪里都挺好玩儿的。

“丁零零，丁零零！”上课了，讲授非遗课的梁老师大步流星地走上讲台，笑容满面地对同学们说：“同学们，今天我们来学习广绣。”说着，便教我们怎么个绣法。我们一共学会了两种针法，分别是倒退针和柳针，虽然只有这两种，但对于我来说却是很难的。拿到刺绣的工具后，我便尝试着绣了起来。只见我们领到的绣架上，是一副中国象棋棋盘的图案，看起来非常逼真。同学们先把针线穿好，然后就一针一线地绣了起来。同学们先用倒退针把棋盘的外圈用蓝色的线绣好，这一部分绣得还算可以，下面就该绣棋盘里面的棋子了。大家选用红色的线绣，可部分同学就是穿不上线，急得满头大汗。这时老师教大家先把线弄湿了再穿，可还是怎么穿也穿不上，同学们气得把针和线都扔了。这时，老师适时鼓励大家：“坚持就是胜利！”同学们又平静下心情，捡起针线重新穿起来。终于，在大家的不懈努力下把线穿好了，同学们又安静地一针一线地绣了起来。

在这次刺绣活动中，大家学会了两种针法，还懂得了做什么事都要有耐心和恒心，知道了坚持就是胜利的真谛，收获可不小哩！

剪纸艺术：一张纸的修行

2015 级 1 班 刘于铉

“瞧，这张剪纸栩栩如生、色彩缤纷。”看着这漂亮的剪纸，仿佛有一个生动有趣的故事展现在我们的面前。

当剪刀在纸上自如地穿梭着，一张纸就开始了它的修行之旅……

剪纸是一种民间的传统艺术，就像开凿美玉一样不断地用工具一点一点地刨开多余的碎石。在“4·30”非物质文化遗产课堂上，老师把只会用剪刀糟蹋纸张的我们变成了能用剪刀自如地剪回纹、剪双喜、剪彩蝶的“小艺人”。一张普通的纸，在剪刀的精细改良后成为完美无瑕的镂空艺术品，虽然承受了扎心的疼痛，但是这张纸从平凡抵达了卓越。

我自己也像这张纸一样，从拿起剪刀的那一刻，就开始了自己的修行。我虽然不像纸张一样忍受疼痛，但也在挥舞剪刀的时候磨炼了自己的耐心，变得更加讲究手眼配合。

记得有一次，我在剪喜字的时候，一不小心把纸给剪烂了，因为我的比例不对称导致下面部分的线条太细了，我垂头丧气地拿起新的纸张，重新用铅笔勾勒好匀称的外形，握紧锋利的剪刀，控制好力度，鼓励自己：“这次一定要成功！”我深吸了一口气，沉下心来，盯着第一道刀口，小心翼翼地沿着边线往里剪。当剪刀从弯弯曲曲的线条中走出来，我屏住呼吸，展开这怪模怪样的纸张。当纸张平铺在桌面上时，我见到了两个连在一起的“喜”字，齐齐整整地证明我眼手配合完美。在这个小小的修行中，我获胜了。

“今天，我们要完成一幅剪纸作品。”老师说道。我顿时一愣，高难度的剪纸，要在短短的一节课里完成，岂不是比登天还难？

可是我的想法大错特错了，在老师的诀窍讲解和示范剪纸之后，我恍然大悟，原来完成一幅剪纸竟然是易如反掌之事。大部分剪纸是轴对称的，只需要简简单单用剪刀“飞舞”四分之一甚至八分之一个图案，作品便能整整齐齐地展现在我们眼前。

“光说不练假把式。”我不能纸上谈兵。我急不可耐地开始“行动”了。我先在纸上勾勒出半个蝴蝶，然后再用剪刀小心翼翼地赋予它“生命”。

可是这只蝴蝶仍然死气沉沉的，没有一点点活力。

我决定在它的翅膀上加以点缀。我在蝴蝶翅膀边缘剪了一条花纹。不料，我在剪的时候，一不小心把边缘剪破了，留下了一道刺眼的“伤疤”，我便用一点胶带帮它“疗伤”。尽管如此，那道“疤痕”仍然清晰可见。我更仔细地为蝴蝶“化妆”。

很快，装扮一新、充满活力的蝴蝶在我眼前“亮相”。看！美丽精致的花边，仿佛给蝴蝶穿上了一件新衣；一颗颗如明珠般的圆点，仿佛给蝴蝶戴上了一件件靓丽的首饰，蝴蝶还在空中翩翩起舞。

通过这次剪纸活动，我体会到了中国传统文化的魅力，剪纸这门技艺一直在流传着，我希望更多的人可以体会到剪纸这门艺术的魅力，体会到剪纸这一中国传统文化的博大精深！修行不是一种愉快的旅途，它是一种勇气。从拿起剪刀的那一刻开始，让耐心做你的指南针，让细心做你的登山杖，一直辅助你登上艺术的顶峰。

（指导教师：邹 琳）

第二次非遗课

2015 级 4 班 王宇风

在第二次非遗课上，我做了一个“胡萝卜”，这是最有趣的一次非遗课。

这节课的流程是：第一，在“胡萝卜”里放棉花；第二，把放棉花的口子缝上；第三，给“胡萝卜”缝一个表情；第四，缝“胡萝卜”身上的条纹。

我把“胡萝卜”用棉花塞得硬硬的，又用线把放棉花的口缝了起来，我看了看钟表，发现只剩下小半节课的时间了，顿时觉得时间过得飞快。

我抓紧时间，赶紧开始缝“胡萝卜”的表情了。当我缝了一半表情时，下课铃响了。我看了看旁边的同学，发现我其实做得算很快了。

我觉得这节课只上了 10 分钟，那是因为我认真去缝了。上完这节课，我懂得了一个道理：只要你认真去做一件事，就会觉得时间过得飞快。

非遗·作品

作品名：舞狮

作者：蒋承霖

班级：2018 级 4 班

指导老师：陈容　罗俊

非遗项目：广东醒狮

制作材料：纸箱，无纺布，亮片布，彩纸，白毛布条

作品说明：广东醒狮发源于唐朝，在古代叫作太平乐，是中华儿女都很喜欢的吉祥瑞物。一人舞头，一人舞尾，很是威风！

我从小就喜欢看舞狮，于是我用纸箱做了它大大的脑袋，涂上喜庆的红色，用报纸给它做了一个萌萌的鼻子，用毛球做了炯炯有神的双眼，用无纺布做了长长的睫毛，再用黄色和橙色的纸做了动物之王那最具标志性的鬃毛，最后在闪闪发光的亮片布上粘上毛茸茸的白布条做成了它的身体。这样，呆萌又威武的岭南醒狮就做成了。这就是我的非遗作品——舞狮。

作品名：黏土十二生肖

作者：郭奕可

班级：2018 级 2 班

指导老师：石丽媛　罗俊

非遗项目：面塑

作品说明：十二生肖作为我国悠久的民俗文化符号，体现了天人合一、人与动物和谐共处的自然观，表达了人们的美好祝愿，是民族创造力、想象力和智慧的结晶。

作品以黏土为主材料，综合陶土等制作技艺，采用揉、捏、搓、划、切、压等方法，以红色为背景，并融入中国传统服饰、大鼓、元宝和如意等要素，表达了对中华传统文化的喜爱，传递着喜庆的气息！

作品名： 山海经

作者： 吴眷尔

班级： 2018 级 1 班

指导老师： 张晓乐　陈宝萍

非遗项目： 纸雕艺术

作品说明：《山海经》是中国先秦重要古籍，也是一部富于神话传说的古老的奇书。该作品就是围绕这一经典运用纸雕手法创作的。

作品分别从《南山经》《西山经》《北山经》《东山经》《中山经》中选取有代表性的动植物神化形象作为主体，根据经卷文字描述对角色加以想象。立体纸雕的手法增加了作品的空间感、层次感，表现出神话故事的奇幻色彩。

作品名： 昆曲·琵琶——如花美眷 似水流年

作者： 武思齐

班级： 2018 级 1 班

指导老师： 张晓乐 陈宝萍

非遗项目： 昆曲文化

作品说明： 作品设计灵感来源于“昆曲文化”非遗项目，昆曲是我国最古老的剧种之一，是中华民族传统艺术中的珍品，琵琶是昆曲伴奏音乐中的四大件之一，以点状音符出现在乐曲中，音色细腻，音域宽广，表现力丰富。

该作品采用纸板、黏土、毛球制作而成，在琵琶模型中融入昆曲花旦装饰，传神地展现出昆曲委婉细腻的唱腔和婉丽妩媚的音乐特点。

作品名： 我爱你中国

作者： 蔡依纯

班级： 2018 级 2 班

指导老师： 张晓乐　杨晓红

非遗项目： 纸雕艺术

作品说明： 纸雕是一种以纸为素材，使用刀具塑形的工艺。纸雕作为立体形式的表现物在中国古代很早就出现，是非遗文化之一。

该作品以“我爱你中国”为主题，将纸张进行折、弯、剪、割，裁制成适宜的图形，再通过空间立体组合，把主题场景在一个盒子中立体呈现，远观凸显了浮雕的立体与层次感，增强了美妙的效果，充分体现了纸雕的魅力。

作品名： 国粹京韵

作者： 蔡依纯

班级： 2018 级 2 班

指导老师： 张晓乐　杨晓红

非遗项目： 纸雕艺术

作品说明： 纸雕是一种以纸为素材，使用刀具塑形的工艺。纸雕作为立体形式的表现物出现得很早，中国很早就有手工扎作而成的人物。

这个作品以京剧人物为主题，使用比较硬的纸张，运用切、剪、折、卷、叠、粘等手法制作而成。作品立体感强，层次丰富分明，将京剧脸谱刻画得栩栩如生。

作品名： 兵马俑

作者： 王楚菡　胡欣恬　李傲芸　林浦欣　方三三

班级： 2013 级 4 班

指导老师： 张晓乐

非遗项目： 泥塑

作品说明： 兵马俑，即秦始皇兵马俑，亦简称秦兵马俑或秦俑，是第一批全国重点文物保护单位，第一批中国世界遗产。

兵马俑中的将军俑是非常威风凛凛的，所以我们选择用黑色黏土加纸板来塑造半立体的将军俑，造型完成后再刷上金色。

雕塑高 160 厘米，前庭饱满，双目炯炯有神。他头戴燕尾长冠，身披战袍，胸前覆有铠甲，双手相握置于腹前，脚上蹬着前端向上翘起的战靴，他的神态刚毅自然，沉稳平静，表现出身经百战，临危不惧的大将风度和运筹帷幄，决胜于千里的百倍信心。